현장에서 만난
경계선 지능 아이들

-교사와 부모를 위한 가이드와 실제 지도 사례-

현장에서 만난 경계선 지능 아이들

-교사와 부모를 위한 가이드와 실제 지도 사례-

이애진, 이경희 공저

건강신문사
www.kksm.co.kr

차례

저자의 말
- 이애진_경계선 지능, 포기의 대상이 아닌 가능성의 이름   8
- 이경희_소통으로 가기 위한 이해와 공감   11

1부

경계선 지능이란 무엇인가요?

1장. 경계선 지능의 이해
1. 경계선 지능의 정의와 현황   16
2. 경계선 지능 아동의 특성   20
   1) 인지적 특성   20
   2) 학업적 특성   23
   3) 정서적 특성   26
   4) 사회적 특성   29
3. 경계선 지능에 대한 오해   33
4. 경계선 지능 아동을 위한 개별 맞춤 교육의 필요성   36
5. 경계선 지능은 평균 지능으로 향상될 수 있나요?   39

2장. 경계선 지능의 인지 및 정서·행동 특성 분석

1. 검사 도구 소개　　　　　　　　　　　　　　　　　　　45
　　1) 한국형 웩슬러 아동 지능검사 5판(K-WISC-V)　　　46
　　2) 한국판 웩슬러 기초학습기능검사(K-WFA)　　　　52
　　3) 한국판 아동·청소년 행동평가척도(K-CBCL)　　　54

2. 사례로 보는 인지 및 정서·행동 특성 프로파일 분석　56
　　1) 초등학교 2학년, 여학생　　　　　　　　　　　　56
　　2) 초등학교 5학년, 남학생　　　　　　　　　　　　62
　　3) 중학교 2학년, 남학생　　　　　　　　　　　　　67
　　4) 고등학교 1학년, 남학생　　　　　　　　　　　　71

3. 지능지수의 함정: 교사와 부모가 주의해야 할 점　　76
　　1) 지능지수에만 의존하는 위험성　　　　　　　　　76
　　2) 진단명에 얽매이지 말기　　　　　　　　　　　　77
　　3) 지능검사 결과를 활용하는 올바른 방법　　　　　78

2부

경계선 지능 아동에게 필요한 지원은 무엇인가요?

1장. 지원 가이드

1. 인지적 특성에 따른 지원 방안　　　　　　　　　　83
　　1) 의미 있는 반복학습 전략　　　　　　　　　　　　84
　　2) 단계별 과제 제시　　　　　　　　　　　　　　　85
　　3) 다감각 매체 활용　　　　　　　　　　　　　　　86

2. 학업적 특성에 따른 지원 87
      1) 읽기·쓰기 지도 87
      2) 기초수학 지도 90
   3. 정서적 특성에 따른 지원 방안 93
   4. 사회적 특성에 따른 지원 방안 95
   5. 발달 시기별 특성에 따른 지원 방안 97
      1) 초등기 특성에 따른 지원 97
      2) 중·고등기 특성에 따른 지원 100
   6. 가정에서의 지원 방안 102

2장. 책 읽기를 통한 통합적 지원 프로그램
   1. 통합적 지원의 효과 107
   2. 그림책 읽기로 시작하기 108
   3. 사고력 향상을 위한 책 읽기 방법 109
   4. 책 읽기 활동 예시: 마음과 생각을 키우는 독서수업, 더자람 113

3장. 경계선 지능 아동 지원 사례
   1. 무거운 정서를 걷어내야 비로소 생각이 보입니다 124
   2. 아이가 그런 행동을 할 때는 항상 그럴 이유가 있습니다 134
   3. 믿음과 신뢰를 주면 시도할 용기가 생깁니다 141
   4. 수용 받아야 수용할 수 있습니다 146
   5. 변화를 위해 기다려야 하는 시간을 견뎌야 합니다 152
   6. 천천히 간다고 앞에서 당기면 안 됩니다 156
   7. 관심이 없는 게 아니라 마주하기 어려운 것입니다 161

4장. 현장에서 답을 찾다-부모·교사 실전 Q&A

1. 같은 문제집을 반복해도, 왜 아이는 잘 풀지 못할까요?   168
2. 아이의 감정만 읽어주면 될까요?   172
3. 긍정적 자아개념, 어떻게 키울 수 있을까요?   174
4. 아동의 무기력, 어떻게 도와줄 수 있을까요?   176
5. 우기기 대장, 어떻게 지도해야 할까요?   178
6. 맞고 틀리는 것에 민감한 아이, 어떻게 지도해야 할까요?   180
7. 자해행동을 보이는 아동, 어떻게 도울 수 있을까요?   181
8. 예/아니오로만 답하는 아이, 어떻게 소통해야 할까요?   183
9. 늘 상냥하고 다정한 말투로 얘기하길 원하는 아이와 어떻게 소통해야 할까요?   185

참고문헌   187

저자의 말

경계선 지능,
포기의 대상이 아닌 가능성의 이름

 이 책을 세상에 내놓는 오늘, 무엇보다 오랜 시간 현장에서 만난 경계선 지능 아동들과 아이 못지않게 한 걸음 한 걸음 함께 고민하고 애쓰신 부모님과 선생님들이 먼저 떠오릅니다. 경계선 지능을 주제로 교사와 학부모 연수를 진행할 때면, "제가 아이를 오해했네요.", "그래서 아이가 억울하다는 말을 했군요.", "진작 알았으면 좋았을 텐데….", "제가 제대로 가르치지 못한 것 같아 미안해요."와 같은 말씀을 자주 듣습니다. 이런 아쉬움이 남지 않도록 경계선 지능 아이들을 이해하고 지원하는 데 도움이 되고자 이 책을 쓰게 되었습니다.

 경계선 지능에 대한 이해가 부족하다 보면, 아이를 온전히 이해하기 어렵고 최선을 다해 지원했음에도 기대만큼 성과를 얻지 못하는 경우가 많습니다. 경계선 지능 아동은 자신의 어려움을 적극적으로 표현하거나 도움을 요청하기가 어렵기 때문에, 부모와 교사가 더욱 세심하게 아이의 신호를 살피고 적합한 지원을 제공해야 합니다. "더 열심히 하면 돼." "노력하면 할 수 있어."라는 말만으로는 오히려 아이와 부모님, 선생님 모두에게 부담만 안길 수 있다는 점을 현장에서 거듭 확인해 왔습니다.

경계선 지능 아동은 충분히 성장할 수 있지만, 이를 위해서는 반드시 개별 특성에 맞춘 맞춤 지원이 필요합니다. 학교와 가정, 그리고 지역사회에서 아이들이 자기답게 성장할 수 있으려면, 한 아이 한 아이의 개별성을 존중하는 교육적 접근과 끈기 있는 지지가 필요합니다. 경계선 지능 아동은 '느린 아이'나 '어설픈 아이'가 아니라, 저마다의 속도와 방식으로 세상을 배우며 무한한 가능성을 지닌 존재입니다.

이 책에는 경계선 지능 아동의 특성과 이에 따른 지원 방법, 그리고 시선을 바꾸었을 때 일어나는 긍정적 변화와 감동적인 사례들을 담았습니다. 모든 해결책이 단번에 효과를 내는 것은 아니었습니다. 때로는 기다림과 인내가, 때로는 구체적인 단계 설정과 반복이, 그리고 '있는 그대로 인정받는 경험'이 변화의 시작점이 되었습니다. 무엇보다 중요한 것은 경계선 지능 아동을 '가능성이 열려 있는 존재'로 바라보고 결코 포기하지 않으며 함께하는 끈기 있는 지지라고 믿습니다.

이 책이 지금도 아이를 위해 분투하시는 모든 부모님과 선생님들께 진심 어린 위로와 응원의 메시지로 닿기를 바랍니다. 아이와 함께 배우고, 넘어지고, 다시 일어설 수 있도록, 이 작은 책이 단단한 지지와 길잡이가 되어주길 소망합니다.

저자 **이애진**

저자의 말

소통으로 가기위한 이해와 공감

　대학원을 졸업하고 청소년 상담기관에서 일할 때였습니다. 초등학교 3학년쯤 돼 보이는 남자아이가 엄마 등 뒤에 딱 달라붙어 들어와 저와 눈도 마주치지 않고, 인사를 건네도 고개를 숙인 채 반응이 없었습니다. 아이는 1, 2학년 때는 공부만 못했지 다른 문제는 없었는데 3학년 때부터 학교 가기 싫어하고, 뭘 물어보면 이유 없이 운다고 했습니다. 학교에서도 과제를 이해하지 못해 수업이 어렵고, 게임 규칙을 이해 못해 친구들에게 따돌림을 받는 상황이 빈번한 데다 분노 폭발로 인한 부적절한 행동으로 학교에서 전화 오는 일이 잦아 스트레스가 많다고 하셨습니다.

　아이는 분노를 폭발시킨다는 것이 상상하기 어려울 만큼 매우 소심하며, 말을 잘 하지 않아 상담이 어려웠습니다. 대학원에서 클리니션으로 일했던 경험을 떠올리며 그림책을 활용하기로 했습니다.

읽기는 문제없다던 부모님 말씀과는 달리 아이는 받침 있는 글자를 읽기 어려워했습니다. 상담에서 읽기와 쓰기를 해도 될지 고민이 있었지만, 그림책을 함께 읽으며 그 내용을 소재로 이야기를 나누는 과정을 통해 아이의 읽기와 쓰기 능력이 향상되었습니다. 점차 아이는 자기 생각이나 감정을 잘 표현할 수 있게 되었고, 일상생활에 대해서도 자유롭게 이야기 나눌 수 있는 수준에 이르렀습니다.

그렇게 1년여가 지나 청소년 상담기관을 그만두게 되어 어머니와 종결 상담을 하게 되었습니다. 어머니는 아이가 전보다 말도 많아지고, 울거나 폭력적으로 행동하는 대신 말로 감정을 표현하게 되었으며, 학교에서 문제행동으로 연락 오는 일이 거의 없어 안심하셨다고 말씀하셨습니다. 그러나 이제 아이를 어디로 보내야 할지 걱정된다며 눈물을 흘리셨습니다. 안타까웠지만, 저도 더 이상 도움을 드리기 어려웠고 지금까지도 마음에 남아 있는 사례가 되었습니다. 이후 몇 년 동안 상담사로 일하면서 경계선 지능 특성을 보이는 아동을 상담하는 사례를 점점 더 많이 다루게 되었습니다. 학습의 어려움은 심리·정서적 문제와 함께 복합적으로 나타나므로, 인지 학습과 심리·정서적인 부분을 통합적으로 지원하는 것이 필요하다고 생각하게 되었습니다.

이 무렵 대학원에서 함께 공부했던 써큘러스리더 이애진 대표님도 저와 같은 생각을 나누며 함께 일해보자고 제안해 주셨습니다. 써큘러스리더에서 경계선 지능 아동을 위한 '더자람' 프로그램을 개발하면서 '이런 프로그램이 좀 더 일찍 만들어졌더라면 그 아이에게 훨씬 큰 도움을 줄 수 있었을 텐데…' 하는 아쉬움과 미안한 마음이 들었습니다. 지금은 성인이 되어있을 그 아이가 사회에 잘 적응하며 성장했기를 바라며, 이 책이 경계선 지능 아동을 가르치는 현장에서 고군분투하시는 많은 선생님과 부모님께 조금이나마 도움이 되길 바랍니다. 또한 이런 가치 있는 일에 함께할 수 있도록 손을 내밀어 주신 이애진 대표님께도 깊은 감사를 드립니다.

저자 **이경희**

1부

경계선 지능이란 무엇인가요?

1

경계선 지능의 이해

1. 경계선 지능의 정의와 현황

경계선 지능 정의

많은 교사와 부모들이 교실이나 가정에서 만나는 아이가 있습니다. 열심히 가르쳐도, 반복해서 설명해도 또래만큼 따라오지 못하고, 친구들 사이에서 잘 어울리지 못하고 눈치없는 행동으로 소외나 따돌림을 당하기도 합니다. 게을러서도 아니고, 노력하지 않아서도 아닌데 학습이 더디고 사회적 상황을 이해하기 어려워하는 아이들 말입니다. 이런 아이들이 바로 경계선 지능 아동일 가능성이 높습니다.

경계선 지능(Borderline Intellectual Functioning, BIF)은 표준

화된 지능검사에서 지능지수(IQ)가 70-85점 사이에 해당하는 지능 수준을 의미합니다. DSM-5*에서는 공식적인 지적장애(Intellectual Disability) 진단 기준(IQ ≤ 70 및 적응 기능 결함)을 충족하지 않지만, 학습 및 의사소통, 사회적응 등 일상 기능에서 또래보다 현저히 낮은 수준을 보이는 경우 '경계선 지적 기능'이라는 V-코드(V-codes)로 분류합니다. V-코드는 주요 정신장애 진단 기준에는 포함되지 않지만, 추가적으로 고려해야 할 임상적 상태를 기록하기 위한 코드로 교사와 부모가 아이의 현재 기능 수준을 정확히 이해하고 교육과 생활 지원 계획을 세울 때 중요한 참고 자료가 됩니다(American Psychiatric Association, 2013).

'경계선 지능 지적장애'나 '경계선 지적장애'로 부르는 경우도 있으나, 이들은 일반 아동에 속합니다. 아래 표에 보이듯 85 이상은 표준 이상의 지능지수를 의미하며, 70 이하는 지적장애에 속하는 지능지수입니다. 70 이하와 85 이상이 아닌, 즉 70에서 85사이의 지능지수를 보이면 경계선 지능에 속합니다. 경계선 지능이라는 말에서 알 수 있듯이 평균 지능과 지적장애의 경계에 있기 때문에 경계선 지능이라고 불리며, 경계선에 있기에 적절한 시기에 적합한 지원을 받는다면 평균 이상으로도 향상이 가능합니다. 반대로 경계

---

* DSM(Diagnostic and Statistical Manual of Mental Disorders)-5는 미국정신의학협회(American Psychiatric Association, APA)에서 발행하는 정신질환 진단 및 통계 편람으로 2013년에 출판되었습니다. DSM-5는 정신질환을 체계적으로 분류하고 진단 기준을 제시해 의료 전문가들이 일관되고 과학적인 진단을 할 수 있도록 돕는 표준 참고서입니다.

선에 있기 때문에 아무런 지원도 받지 못한다면 지적장애 수준으로 지능이 내려갈 수 있습니다. 없던 지적장애가 생긴다는 의미가 아닙니다. 학습의 속도가 느리기 때문에 동연령에 비해 지능 발달의 폭이 좁습니다. 그러다 보니, 초등학교 1학년 때 79였으나, 중학교 때는 69로 지능지수가 떨어질 수 있습니다. 지능 발달의 폭이 상대적으로 좁다 보니, 학년이나 연령이 높아질수록 그 격차가 벌어지게 되면서 지능지수가 낮아지는 경향을 보이게 됩니다.

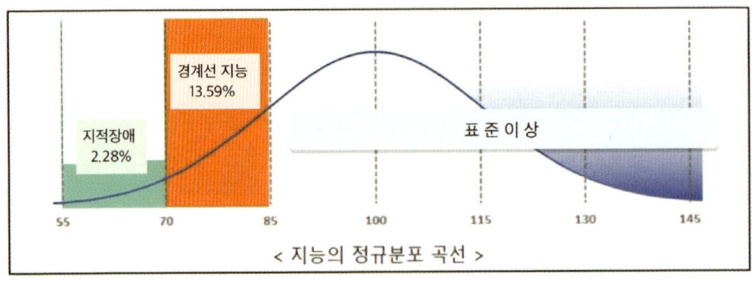

< 지능의 정규분포 곡선 >

경계선 지능 현황

경계선 지능에 속하는 아동은 생각보다 많습니다. 인구의 약 13.59%가 경계선 지능에 속하는데, 2024년 3월 기준으로 추정되는 경계선 지능 아동은 학령기 약 78만 명, 전체 연령은 약 697만 명에 달합니다(손덕호, 2024). 최근 정확한 규모 파악이 이루어지지 않았던 경계선 지능 아동에 대해 정부가 처음으로 전국 규모의 실태조사를 실시했습니다. 「초등학교 경계선 지능 학생 실태분석 및 지원 방안 연구」에 따르면, 이번 조사에는 전국 초등학교 6,239개교 118,042개 학급 중 59.4%에 해당하는 약 7만 개 학급의 담임교사 1

만 6천여 명이 참여했으며, 조사 대상 초등학생은 총 356,247명이었습니다. 담임교사가 한 학기 이상 관찰을 통해 경계선 지능이 의심되는 학생을 선별하는 방식으로 진행되었습니다. 조사 결과, 전체 초등학생 중 16,414명(4.6%)이 경계선 지능 학생으로 분류되었는데, '한 반에 한 명'씩 경계선 지능 학생이 있다는 의미입니다. 경계선 지능 위험군이 12,800명(3.6%)이고, 지속적 관찰이 필요한 경계선 지능 탐색군이 3,614명(1.0%)이었습니다. 학년별로는 1학년이 4.2%로 가장 높았고, 5학년(3.8%), 3학년(3.7%), 2학년(3.6%), 4학년(3.2%), 6학년(2.9%) 순이었습니다. 학년이 올라갈수록 경계선 지능 아동의 비율이 감소하는 것처럼 보이지만, 실제로는 고학년에서 발견이 어려워지거나 다른 분류로 이동했을 가능성을 시사한다고 밝히고 있습니다(한국교육과정평가원, 2024).

특히 주목할 만한 점은 경계선 지능 위험군 중 67.9%가 기초학력 미달이었다는 사실입니다. 더욱 심각한 것은 이 비율이 학년이 올라갈수록 급증한다는 점으로, 1학년에서 33.3%였던 기초학력 미달 비율이 6학년에서는 86.9%로 급격하게 증가했습니다. 이는 학습 결손이 매년 누적되면서 경계선 지능 아동의 교육격차가 심화되고 있음을 보여줍니다(한국교육과정평가원, 2024). 다만 전문가들은 지능검사가 아닌 교사의 관찰에 의존한 결과이므로, 실제 경계선 지능 학생 수는 이보다 훨씬 많을 수 있다고 지적합니다. 초등학교 교육과정의 난이도가 낮아서 교사들이 아동의 어려움을 발견하지 못할 가능성이 높고, 실제 지능검사를 하면 경계선 지능으로 나오지만 행동 관찰로는 파악하지 못하는 경우도 많다는 것입니다. 이러한 조사 결과는 경계선 지능 아동이 더 이상 교육의 사각지대에 방치되어서는 안 되며, 체계적이고 지속적인 지원이 시급함을 나타냅니다. 특히 학년이 올라갈수록 기초학력 미달 비율이 크게 증가한다는 점은 조기 발견과 적절한 지원이 꼭 필요하다는 사실을 잘 보여줍니다.

2. 경계선 지능 아동의 특성

경계선 지능 아동의 특성을 아는 것은 교육과 양육에 있어 매우 중요합니다. 경계선 지능 아동이 보이는 특성을 이해해야 제대로 지원할 수 있기 때문입니다. 아동의 특성을 제대로 알지 못하면, 아동의 말이나 행동을 오해하게 되고 적합한 지원을 제공하지 못해 다시 아동이 부적합한 말이나 행동을 반복하게 되는 악순환을 겪게 될 수 있습니다. 경계선 지능 아동이 자신의 속도와 방식으로 배우고 성장할 수 있도록 돕기 위해서는 이들의 특성을 이해하고, 공감과 소통, 배려를 기반으로 한 적합한 지원을 제공해야 합니다. 경계선 지능 아동의 특성을 인지와 학업, 정서, 사회성 영역으로 나누어 살펴보겠습니다.

1) 인지적 특성

경계선 지능 아동을 이해할 때 가장 중요한 부분 중 하나가 인지적 특성입니다. 지적장애보다는 높으나 평균 지능보다는 낮은 지능 수준을 가지고 있기에 인지적 제약이 있을 수밖에 없고, 이로 인해 어떤 것을 배우거나 사회적 관계를 맺는 데도 어려움을 겪게 됩니다.

인지란 외부에서 들어오는 정보를 감각을 통해 받아들이고, 입력된 정보를 분류하여 저장한 뒤, 과거 경험과 비교하여 해석하고 이를 바탕으로 결정을 내리고, 최종적으로 행동으로 옮기는 일련의 과정을 말합니다. 지각, 기억, 언어, 실행기능 등 다양한 정신 기능으로 정보를 처리해 의미를 부여하고 행동으로 연결하는 일련의 과정으로, '생각하는 힘' 전체를 가리키는 용어입니다. 먼저 지각은 눈, 귀 등으로 들어온 자극을 뇌에서 해석해 사물이나 상황을 인식하는 과정입니다. 예를 들어 칠판 글자를 보고 어떤 글자인지 구별하거나 친구의 목소리를 듣고 누군지 아는 능력을 말합니다. 주의는 여러 정보 중 중요한 부분에 집중하고 그렇지 않은 것은 걸러내는 능력으로, 수업 중 교사의 설명에 집중하면서 주변 소음이나 다른 친구들의 움직임을 무시할 수 있어야 학습이 원활해집니다. 기억은 정보를 받아들이고 저장한 뒤 필요할 때 꺼내 쓰는 과정으로, 단기기억(작업기억)은 현재 수행 중인 과제나 대화 내용을 잠시 유지하는 기능이고, 장기기억은 배운 지식을 오랜 시간 보관하는 기능입니다. 언어는 단어를 이해하고 생산하고 문장을 구성해 의사소통하는 능력으로, 듣기·말하기·읽기·쓰기 뿐 아니라 어휘력과 문법 이해력, 표현력이 포함됩니다. 실행기능은 목표를 세우고 계획을 수립

하며 문제해결을 위해 전략을 선택하고 조직하며 수행하고 점검하는 고차원적 인지기능으로, 작업기억과 인지적 유연성(관점 전환 능력), 억제력(충동 통제 능력) 등이 포함됩니다(도레미 외, 2010). 이처럼 인지는 우리 삶 전반에 걸친 '생각의 토대'이자 학습과 사회적 상호작용의 핵심입니다.

경계선 지능 아동의 경우 지각, 주의, 기억, 언어, 실행기능, 처리 속도 등에서 현저한 어려움을 보입니다(Kim & Cheon, 2024). 따라서 정보를 지각하고, 처리하고, 반응하는 데 오랜 시간이 걸립니다. 다양한 단서에 대한 서로 다른 행동들을 요구하는 학습이나 사회적인 상황에서 또래를 따라가지 못하거나 수행 자체가 어려울 수 있습니다. 예를 들어, 학습 상황에서는 칠판이나 모니터의 내용을 주의 깊게 보고, 교사의 설명을 집중해 듣고 이해한 뒤 배운 내용을 적용하는 과정이 느리다 보니, 또래와 학습 성취 격차가 쉽게 발생합니다. 대인관계에서도 마찬가지입니다. 상대방의 표정이나 제스처를 세심히 관찰하고, 말을 집중해 듣고, 적절한 반응을 떠올려 행동으로 옮기는 과정이 원활하지 않아 의사소통에 어려움을 느낍니다. 특히 연령이 높아질수록 관습적 학습과 사회적 맥락에서 스스로 배우는 능력이 요구되지만, 경계선 지능 아동은 상황별 행동 규칙을 스스로 익히기 어렵습니다. 따라서 명확하고 세분화된 과제를 반복 제시하고, 다감각적 자료와 구체적 예시를 활용해 인지과정을 단계별로 안내하는 세심한 지원이 필요합니다. 인지기능이 또래 아동보다 느리거나 불균형하게 발달할 수 있기 때문에 각 하위 기능별 특성과 과제를 정확히 파악하여 적절한 개입 전략을 세우는 것이 중요합니다.

2) 학업적 특성

기초학습 능력 발달 지연이 가장 큰 특징입니다. 앞서 다룬 경계선 지능 아동의 인지적 제약으로 인해 읽기, 쓰기, 셈하기의 기초학습 능력 발달 수준이 낮고, 습득하는 데 오래 걸립니다. 글자를 정확하게 인식하거나 읽는 것이 어렵고 내용을 이해하는 능력도 또래에 비해 미숙하며, 맞춤법, 띄어쓰기, 작문 등에서 낮은 수행을 보입니다(Kim & Cheon, 2024). 이로 인해 경계선 지능 아동이 학업에서 겪는 어려움은 학년이 올라갈수록 더욱 뚜렷해집니다. 초등 1, 2학년 때는 읽기와 쓰기, 셈하기의 기초학습 기술을 배우는 시기이나, 초등 3학년부터는 새로운 개념을 학습하기 위해 읽고 쓰고, 셈하는 기초학습 기술을 사용하는 시기이기 때문입니다. 예를 들어 초등 1학년 때는 자음과 모음을 배우고 단어를 읽고 쓰는 것을 배우는 시기이지만, 초등 3학년 이후는 광합성이나 민주주의를 배우기 위해 읽고 쓰는 시기입니다. 따라서 초등 저학년 때 기초학습 기술을 제대로 습득하지 못하면, 학년이 올라갈수록 여러 교과에서 어려움을 보일 수밖에 없습니다. 한 연구에서도 초등학교 1, 2학년 경계선 지능 아동의 국어, 수학 성취는 학년이 올라갈수록 점점 떨어지는 것으로 나타났습니다. 초등학교 1학년 때는 국어 환산점수가 70점 이하인 비율이 0%였으나 3학년 때는 29%로 증가하였고, 수학에서도 1학년에서는 70점 이하가 0%였으나 3학년 때는 25%로 증가하여 부진 비율이 학년에 높아짐에 따라 함께 증가했습니다. 이는 학년이 올라감에 따라 학습 내용의 곤란도가 높아져 일반 아동과의 격차가 더욱 커진다는 점을 시사하는 결과로 보고되었습니다(김근하, 김동일, 2007). 따라서 읽기와 쓰기, 셈하기의 기초학습 기술을 습득할 수 있도록 체계적이고 전문적인 지원이 필요합니다.

개념학습은 새로운 정보를 기존 지식 구조에 통합하고, 다양한 상황에서 공통된 특성을 추출하여 범주화하는 과정을 말합니다. 이러한 범주화 능력은 추상적 사고의 토대를 형성하며, 문제를 해결할 때 핵심 속성을 빠르게 식별하고 유사한 경험을 일반화할 수 있게 합니다. 즉, 개념이 명확할수록 주어진 문제에 적용할 수 있는 사고 전략이 다양해지고, 복잡한 상황에서도 적절한 판단을 내릴 수 있는 사고력이 향상됩니다(Gelman & Meyer, 2011). 그러나 경계선 지능 아동은 추상적 원리나 단계적 절차를 이해하는 데 시간이 오래 걸리고, 정보를 통합하고 적용하는 능력이 제한적이기 때문에 적절한 문제해결 전략을 스스로 개발하기가 쉽지 않습니다. 이로 인해 하나의 문제를 해결하기 위해 여러 가지 접근 방식을 시도하거나 시각적·언어적 단서를 재해석하는 인지적 유연성을 갖추기 어려워, 동일한 오류를 반복하거나 비효율적인 해결 방식을 고집하는 경향이 나타납니다(김동일, 2023). 예를 들어 '분수'를 개념적으로 이해하지 못해 분모와 분자의 관계를 활용해 비율 문제를 해결하기보다 단순 계산 절차에만 의존하게 되어 응용문제에서 어려움을 겪습니다. 케이크의 3/4을 먹었다라는 문제에서 전체 케이크가 몇 조각인지, 그 중 몇 조각을 먹었는지 연결하지 못합니다.

　개념은 학습 상황뿐 아니라 삶의 전반에서 매우 중요합니다. '개념 갖고 살아야 한다', '개념있는 사람이 되어야 한다'라는 말이 있을 정도로 필수적입니다. 예를 들어 '교통수단'이라는 개념은 기차, 버스, 비행기, 배 등 이동을 돕는 여러 수단이 공유하는 '사람이나 물건을 한 곳에서 다른 곳으로 옮긴다'는 속성을 추상화한 것입니다. 그러나 경계선 지능 아동은 이러한 추상화 과정을 수행하는 데 어려움을 겪습니다. 만약 '교통수단'이라는 개념을 충분히 이해하지 못한 아동이라면, 부산에 가기 위해 기차로 이동한 경험이 있을 경우 부산에 가는 방법을 기차로만 생각할 수 있습니다. 따라서 기차표가 매진되거나 고장 등으로 인해 지연되면 대안을 떠올리지 못해 부산행을 포기하거나 발이 묶이게 됩니다. 반면 '교통수단'이라는 개념을 알고 있는 아동은 기차 외에도 비행기나 배, 고속버스 등의 옵션을 떠올리고, 소요 시간과 비용을 비교하여 가장 적절한 수단을 선택할 수 있습니다. 이처럼 개념학습의 어려움은 단순한 지식 부족을 넘어 실생활 문제해결 능력과도 직결되기 때문에, 경계선 지능 아동에게는 구체적인 사례와 다감각적 자료를 활용해 추상적 개념을 단계적으로 지도하는 것이 필수적입니다.

　또한 인지적 불확실성을 줄이기 위해 한 가지 방식에 집착하는 강박적 행동이 드러나기도 합니다. 예를 들어, 수학 문제를 풀 때 특정 공식을 반복 학습한 방식대로만 적용하려 하고, 조금이라도 다른 응용이 필요하면 당황하여 문제해결을 포기하거나 불안 반응을 보입니다. 이러한 패턴은 학습 과정에서 느끼는 좌절과 불안을 해소하기 위한 방어적 전략이지만, 오히려 새로운 상황에 대한 적응과 학습 성과를 올리는 데 장애가 됩니다. 따라서 경계선 지능 아동에게는 개념학습 단계에서 구체적 예시와 다감각적 자료를 제공하고, 다양한 접근법을 안전하게 시도해 볼 수 있는 기회를 반복적으로 제공함으로써 점진적으로 인지적 유연성을 길러주는 지원이 필요합니다.

3) 정서적 특성

경계선 지능 아동은 순수하고 타인에게 긍정적이며 너그러운 태도를 보이는 반면, 동시에 높은 정서적 취약성을 드러냅니다. 이들은 평가나 비판 상황에서 극도로 위축되거나 불쾌감을 드러내기 쉬운데, 이는 반복되는 실패 경험과 '무능하다'는 주변의 부정적 피드백으로 인해 자존감이 낮아진 결과입니다. 낮은 자존감은 우울한 감정으로 이어지며, 억울함이 쌓이면 공격적인 말투나 충동적 행동으로 표출되기도 합니다(Gabriele, Mara, & Pietro, 1998; Kim & Cheon, 2024). 이러한 반응은 상대방에 대한 피해의식으로 오해받기 쉽지만, 실제로는 인지적 한계로 인해 상황을 객관적으로 판단하기 어렵고 감정을 조절할 전략을 갖추지 못한 데서 발생합니다.

감정은 자동으로 발생하는 현상이기 때문에 통제하거나 조절하기 어렵습니다. 하지만 생긴 감정에 대해 어떻게 반응하고 다룰지는 조절할 수 있습니다. 경계선 지능 아동은 화가 나거나 슬플 때 느낌 자체가 달라지는 것이 아니라, 그 감정을 건강하게 드러내는 구체적인 행동과 말을 선택하는 데 필요한 인지·언어적 전략이 부족하여 부적절한 방식으로 반응하게 됩니다. 예를 들어, 주변의 비판이나 조롱을 경험한 후에는 이를 해소할 다른 방법을 알지 못해 '억울해요.'라는 표현을 반복하거나, 분노를 욕설로 표출하며 상황을 악화시키곤 합니다. 감정표현을 조절하는 방법을 배울 기회가 부족했기 때문입니다. 고학년이 될수록 부정적 감정에 더욱 민감해져 모든 어려운 상황을 '나쁜 감정'으로만 인식하고 즉각적인 언어 폭발을 일으켜 욕설 등으로 해소하는 경향이 강해집니다.

경계선 지능 아동은 자신의 감정을 인식하고 언어로 표현하는 데 필요한 감정문해력(Emotional Literacy)이 충분히 발달하지 않아, 적절한 감정 어휘를 사용하기 어렵습니다. 감정문해력이란 자신의 정서 상태를 정확히 인식하고, 이를 적절한 어휘로 표현하며, 타인의 감정 신호를 해석·이해하는 능력을 말합니다(이기연, 2024). 따라서 감정 어휘력의 부족은 자신의 감정을 정확히 이해하는 것을 방해하며, 결과적으로 타인의 감정을 공감하고 이해하는 능력에도 제약을 줍니다. 자신의 내적 상태를 언어로 표현하지 못하면, 아동은 주로 순간적인 느낌이나 충동에 따라 판단하고 반응하게 되며, 이는 인지적·정서적 자기중심성을 강화합니다. 예를 들어, 화가 났을 때 '화가 난다' 대신 '너 때문이야!'라는 식으로 외부로 원인을 돌리거나, 슬픔을 '속상해요.' 보다 '싫어요!'라며 부정적으로 표현하기 쉽습니다. 이 과정에서 상황의 맥락과 타인의 입장을 오해하게 되고, 사회적 단서인 표정이나 어조, 맥락 해석이 부정확해져 사회성 발달에도 부정적 영향을 미칩니다.

경계선 지능 아동은 심리적 결핍을 메우기 위한 방어 기제로 거짓말이나 도벽과 같은 충동적 비행 행동을 보이기도 하는데, 그 이면을 살펴보면 상황을 객관적으로 분석하여 합리적 해결책을 모색할 인지적·정서적 자원이 부족하기 때문입니다. 경계선 지능 아동은 문제해결력이 부족하여 사고가 경직되기 쉬우며, 이로 인해 예측 불가능한 상황에서 불안이 더욱 증폭됩니다. 불안 수준이 높아지면 작업기억과 주의집중력이 저하되어 정보처리 능력이 떨어지고, 이것이 다시 정서 조절을 어렵게 만드는 악순환을 초래합니다. 좌절이나 불안, 결핍감이 높아질 때 이를 언어로 표현하거나 문제해결 전략으로 전환하는 대신, 즉각적인 불안 해소를 위해 비행 행동을 선택하기도 합니다(Kim, & Cheon, 2024). 예를 들어 학교에서 친구에게 놀림을 당하거나 교사에게 무시당했다고 느낄 때, 자신의 상처받은 감정을 말로 드러내기 어려워 딴짓하며 주의를 돌리거나, 집에 돈이 없다는 불안을 빠르게 해소하기 위해 몰래 물건을 가져오는 식입니다. 이러한 행동은 단순히 의도적 비행이 아니라, 내면의 결핍과 불안을 단기간에 억제하려는 방어적 충동 반응이라 할 수 있습니다. 더욱이 이 과정에서 자존감이 훼손되면, 거짓말이나 절도 사실이 드러난 뒤에도 '억울해요'라는 항변과 함께 반복적인 부인이나 은폐 행동을 보일 수 있습니다. 이는 잘못을 인정하고 책임지는 대신 또 다른 방어기제를 동원함으로써 악순환이 지속되는 형태입니다.

정서적 어려움은 종종 신체화 증상으로도 나타나, 스트레스가 높아질 때 복통이나 두통 등의 신체 불편을 호소하여 학습 참여와 일상생활이 제한되기도 합니다. 따라서 경계선 지능 아동이 부적합한 말이나 행동을 보일 때 즉각적인 처벌보다는 행동이 일어난 상황과 감정을 함께 탐색하고, 구체적인 문제해결 기술을 단계별로 교육하여 충동 대신 합리적 대응이 가능하도록 내적 자원을 키워주는 것이 중요합니다. 경계선 지능 아동에 대한 정서적 지원은 단순한 감정 교육을 넘어, 인지능력 향상을 통한 문제해결력 강화, 불안 관리와 긴장 완화를 위한 신체 이완 기법, 그리고 안정적 환경 조성을 통합적으로 포함해야 효과적입니다.

4) 사회적 특성

경계선 지능 아동은 어휘력 부족으로 인해 표현의 어려움이 두드러지며, 단어보다는 몸짓이나 동작을 더 많이 사용합니다. 특히 언어 이해력에 비해 표현력이 더욱 낮아, 자신의 생각을 조리 있게 펼치기 어렵습니다(김동일, 2023). 모르는 질문을 받으면 곧바로 '몰라요'라고 답하거나 '싫어요'와 같은 부정적 반응을 반복하는데, 이는 답을 구성하는 데 시간이 오래 걸리거나 어떤 식으로 대답해야 할지 몰라 빠져나가려는 심리적 방어일 수 있습니다. 수업 중 교사가 "이 글의 주제를 말해볼래?"라고 물었을 때, 경계선 지능 아동은 교사의 질문을 완전히 이해하지 못해 "몰라요."라고 대답하거나, 질문에 침묵으로 일관하는 행동을 보여 선택적 함묵증이라고 오해받기도 합니다. 이럴 때 교사나 부모가 "왜 말을 안 해?"라고 다그치면, 아동은 더욱 위축되어 의사소통 자체를 회피하게 됩니다. 경계선 지능 아동과 효과적으로 소통하려면, 질문을 짧고 쉬운 단어로 구성하고, 답변할 수 있는 선택지를 제시함으로써 아동이 답을 구성하는 데 필요한 시간을 벌면서도 성공 경험을 쌓을 수 있도록 지원해야 합니다.

또한 관용적 표현이나 속담을 잘 이해하지 못하는데, 경계선 지능 아동은 추상적이고 맥락 의존적인 언어를 처리하는 데 필요한 인지적·언어적 역량이 충분히 발달하지 않았기 때문입니다(김수진, 황민아, 고선희, 2017). 관용어와 속담은 단어 하나하나의 의미를 결합해 직역하는 것이 아니라, 문화적·사회적 맥락 속에서 비유적 의미를 해석해야 합니다. 예를 들어 '개구리 올챙이 적 생각 못 한다'라는 속담은, 표면적으로는 '성체 개구리가 올챙이였을 때를 기억하지 못한다'는 뜻이지만, 실제 의미는 '성공하거나 우월해진 사람이 과거의 어려움을 잊고 겸손하지 못하다'라는 비유적 의미를 담고 있습니다. 실제로 지도한 학생 중 교복 입은 모습이 너무나 예뻐서 "얼굴이 활짝 피었네."라고 말했는데, "얼굴에 피 났어요?"라며 반문하는 경우가 있었습니다. '얼굴이 활짝 피었다.'라는 관용적인 표현은 누군가의 얼굴이 밝고 활기차며, 기쁨이나 좋은 일을 겪어 이전보다 더 생기 있어 보인다는 의미로 사용되는데 이를 이해하지 못한 것이었습니다.

　경계선 지능 아동의 관용적 표현과 속담의 이해 부족은 의사소통과 사회적 상호작용에 광범위한 영향을 미칩니다. 먼저, 사회적 맥락 해석의 어려움이 나타납니다. 관용어와 속담은 사회적·문화적 맥락 속에서 화자의 진정한 의도를 파악해야 하는데, 경계선 지능 아동은 이러한 비유적 언어를 문자 그대로 해석하는 경향이 강합니다. 예를 들어, '김밥이 쉬었다.'라는 표현을 들었을 때 실제로는 '김밥의 밥이나 속에 있는 재료가 상했다'는 뜻임을 이해하지 못하고 문자 그대로 받아들여, 김밥이 마치 휴가로 쉬는 상황을 상상하며 대화 상대방과 소통에 혼란을 빚게 됩니다.

　또래 관계 형성에서도 제약이 따릅니다. 아동기와 청소년기에는 관용적 표현이 또래 간 의사소통에서 빈번하게 사용되는데, 이를 이해하지 못하면 집단 대화에서 소외되거나 농담과 유머를 공유하지 못해 친밀한 관계 형성을 맺기 어렵습니다. 예를 들어 '손발이 오그라들어'라는 표현은 '너무 부끄럽거나 민망해서 몸이 움츠러든다'라는 의미이지만, 이를 모르면 대화 내용을 따라가기 힘들어 사회적 고립감을 경험할 수 있습니다.

　이처럼 비유적 표현을 이해하지 못한 경험이 반복되면서 아동은 자신감을 잃고 '몰라요', '싫어요'와 같은 단순한 반응으로 대화를 회피하려는 패턴을 보입니다. 이는 결국 언어적 상호작용 기회를 스스로 차단하여 의사소통 능력 발달을 더욱 지연시키는 악순환을 만듭니다. 따라서 경계선 지능 아동에게는 속담이나 관용적 표현 지도 시 직역과 비유적 의미를 명시적으로 비교 설명하고, 구체적 상황과 맥락을 제시하여 점진적으로 이해를 돕는 체계적 접근이 필요합니다. 이를 통해 사회적 의사소통 기술을 향상시키고 또래와의 원활한 상호작용을 지원할 수 있습니다.

경계선 지능 아동은 또래에 비해 사회성 발달이 약 1~2년 정도 뒤처지는 경향을 보입니다. 연구에 따르면 이들은 마음 이론(Theory of Mind)과 같은 사회인지 능력, 또래와의 상호작용 기술, 규칙 이해 및 감정 인식 능력이 일반 아동보다 평균 1~2년 늦게 발달합니다. 마음 이론은 타인의 욕구, 믿음, 의도를 이해하고 예측하는 능력으로, 이 능력이 미성숙하면 상대방의 관점에 공감하거나 적절히 대응하기 어렵습니다(오진희, 김은정, 유은영, 2010; 정희정, 이재연, 2005; Kim & Cheon, 2024). 그 결과 또래와의 상호작용에서 유치하게 보이거나 상황이나 맥락에 맞지 않는 말이나 행동을 하게 됩니다. 고집부리지 않기, 이기고 지는 과정에 승복하기 등의 기본적인 사회적 기술이 부족하고, 사회적 감수성(눈치)이 부족해 상황을 적절히 파악하지 못함으로써 또래관계를 맺고 유지하는 데 큰 어려움을 겪게 됩니다(김동일, 2023). 5학년 교실에 3학년 아이가 있다고 생각해 보면 이해가 되실 겁니다. 친구들이 보기에는 고집부리며, 이기고 지는 과정에 승복하지 못하는 모습에서 유치하고 이기적이라고 느껴질 수 있습니다.

초등학교 저학년 시기에는 놀이가 주된 상호작용 수단이 되므로, 경계선 지능 아동도 또래와 비교적 쉽게 어울릴 수 있습니다. 그러나 초등학교 고학년에 접어들면서 친구 관계 형성은 놀이보다 언어적 소통과 공통 관심사에 기반하게 됩니다. 언어 이해력과 표현력이 또래보다 뒤처진 경계선 지능 아동은 복잡한 대화나 감정교류에서 소외되기 쉽습니다. 그래서 낮은 학년에서 친구가 많았던 아동도 고학년이 될수록 친구 수가 줄어드는 현상을 경험하기도 합니다. 고학년은 협상, 설득, 갈등 해결 같은 추상적 사회인지 능력이 요구되므로, 경계선 지능 아동의 사회성 발달 지연이 더욱 두드러집니다. 이러한 변화는 놀이 중심의 사회성 훈련만으로는 개선하기 어렵습니다. 고학년 시기의 특성에 맞추어 언어 이해력 강화, 맥락 해석 훈련, 감정 이입 연습을 병행해야 합니다. 이를 통해 경계선 지능 아동이 고학년 환경에서도 자신감을 갖고 또래 관계를 유지할 수 있도록 지원해야 합니다.

3. 경계선 지능에 대한 오해

경계선 지능 아동을 온전히 지원하기 위해서는 이들이 겪는 어려움의 본질을 올바르게 이해해야 합니다. 잘못된 편견은 배려와 공감을 가로막고, 적절한 소통과 지원을 방해합니다. 다음은 현장에서 흔히 볼 수 있는 대표적 오해와 이에 대한 사례입니다.

게을러서 공부를 못하는 것이다

초등 3학년 민준이는 매일 숙제를 제출하지만 자주 비워진 부분이 있어 선생님이 "집에 가서 더 열심히 해 와."라고 말씀하십니다. 그러나 집에 돌아간 민준이는 쉽게 피로를 느끼고 문제를 풀다 자주 휴식을 취해야 합니다. 이는 게으르거나 의지력이 부족해서가 아니라 작업기억과 주의집중력의 한계 때문입니다. 경계선 지능 아동은 정보를 일시적으로 저장하고 조작하는 작업기억력이 떨어져, 긴 지시 사항을 한 번에 처리하기 어렵습니다. 반복 학습과 단계적 과제 제시가 필요합니다.

노력하면 극복할 수 있다

중학교 1학년 수민이가 수학 시험에서 50점을 받자 부모님이 "집중해서 더 공부하면 80점도 가능할 거야."라고 말합니다. 수민이는 하루 3시간씩 자습실에 앉아 있지만 계산 절차를 기억하지 못해 같은 실수를 반복합니다. 단순히 의지력과 노력만으로 작업기억과 정보처리 속도의 한계를 극복하기는 어렵습니다. 오히려 머릿속으로 자꾸 딴생각만 하게 되며, 학습 회피로 이어질 수 있습니다.

사회성만 키워줘도 된다

놀이치료실에서 또래 역할극에 참여한 지후는 친구가 "네가 먼저 양보해 줘."라고 말해도 왜 양보해야 하는지 이해하지 못해 거부 반응을 보입니다. 사회적 유연성과 맥락 이해는 추상적 사고력과 언어이해 능력을 바탕으로 합니다. 놀이치료만으로는 사회적 맥락을 해석하고 대처하는 능력을 키우기 어렵습니다. 인지적 특성에 맞춘 언어와 추론 능력 향상을 위한 훈련이 병행되어야 합니다.

환경 탓이다

형편이 어려운 가정의 아동이 "집 안이 시끄러워 공부를 못해요."라고 호소하지만 조용한 학교 교실에서도 교과 내용을 이해하기 어렵고, 과제를 혼자 수행하기가 버겁습니다. 물론 환경적 요인도 중요하지만, 이는 한 요인일 뿐 유전적·신경발달적 요인 등 다양한 요인이 복합적으로 작용합니다. 따라서 환경 개선과 함께 개별 아동의 인지 프로파일에 맞춘 맞춤형 지원이 필요합니다.

장애 등급이 없으니 문제없다

초등학교 4학년에 재학 중인 민지는 경계선 지능 진단을 받았으나, 현행 제도상 특수교육 대상자로 분류되지 않아 일반 학급에서 수업을 받고 있습니다. 그러나 학습 진도를 지속적으로 따라가지 못하면서 학업적 무력감을 경험하고 있으며, 이로 인해 자존감이 낮아지는 모습이 관찰되고 있습니다. 경계선 지능은 법적·행정적 기준상 지적장애로 분류되지 않지만, 실제 교육 현장에서는 지적장애에 준하는 수준의 개별적 지원과 맞춤형 교육적 중재가 필요합니다. 이러한 지원이 제공되지 않을 경우, 학업적 성취의 지속적 결손뿐만 아니라 정서적·사회적 발달의 측면에서도 부정적 결과를 초래할 가능성이 높습니다. 따라서 경계선 지능 아동에게는 조기 진단 이후 실제 학교 현장에서 실행 가능한 맞춤형 교육 지원 체계가 반드시 마련되어야 합니다.

　이처럼 경계선 지능 아동에 대한 오해는 잘못된 지원 또는 지원의 공백을 초래합니다. 따라서 편견을 바로잡고, 경계선 지능의 인지·학습·사회·정서적 특성을 종합적으로 고려한 통합 지원이 필요합니다.

4. 경계선 지능 아동을 위한 개별 맞춤 교육의 필요성

　경계선 지능은 적절한 시기에 적합한 지원을 받으면 평균 지능 이상으로 향상이 가능하기에 더욱 적극적인 지원이 필요하나 교육의 사각지대에 머무르고 있습니다. 경계선 지능 아동이 교육 사각지대에 머무르는 이유는 크게 세 가지로 요약할 수 있습니다.

　첫째, 진단의 불명확성입니다. DSM-5(정신장애 진단 및 통계 편람)나 교육 현장의 분류 기준에서 IQ 70~85점 범위는 지적장애 진단기준에 미치지 못하고, 학습 및 사회적 적응에 어려움을 겪지만 지적장애보다 덜 심각하다는 이유로 이들을 위한 지원서비스가 마련되지 못했습니다. 고대구로병원 정신건강의학과 지수혁 교수는 '경계선 지능을 특정할 수 있는 명확한 증상이 없다'며 '지능을 결정하는 인지기능에는 기억력, 언어력, 지남력, 수리력 등 다양한 하부 기능이 있는데, 지적장애는 모든 하부 기능이 떨어지지만 경계선 지능은 골고루 조금씩 감소하거나 하나만 큰 폭으로 감소하는 등 다양하게 나타난다'고 설명했습니다(오상훈, 2023). 결과적으로 경계선 지능 아동은 특수교육의 대상이 되지 못하면서도, 일반교육만으로는 학습과 사회적응의 어려움을 해소하기 어렵습니다.

둘째, 교육적 지원의 사각지대입니다. 경계선 지능은 DSM-5에서 주요 정신장애가 아닌 '임상적 관심이 필요한 상태'로만 언급됩니다(American Psychiatric Association, 2013). 일반아동으로 분류되다 보니 특수학급 입소 대상이 아니며, 지적장애 위주로 구성된 특수교육 서비스는 이들에게 큰 효과를 기대하기 어렵습니다. 또한 경계선 지능 아동에게 지적장애 중심의 특수교육을 적용하면 오히려 발달 가능성을 제한할 수 있습니다. 이들은 적절한 개입을 받으면 평균 지능 이상으로 향상될 수 있는 잠재력을 가지고 있기에, 반복 숙달 위주의 특수교육보다는 사고력 향상에 초점을 맞춘 교육이 더 효과적입니다. 그러나 일반교실에서는 빠른 진도와 추상적 사고를 요구하는 수업을 따라가기 어려우며, 이로 인해 좌절감과 학습된 무기력이 점차 쌓입니다. 특수교육과 일반교육 모두 경계선 지능 아동의 속도와 학습 방식에 최적화된 개입을 제공하지 못하다 보니, 결국 어느 곳에서도 충분한 도움을 받지 못한 채 방치되고 있습니다.

셋째, 개인차의 다양성입니다. 경계선 지능 아동은 단일한 특성을 가진 집단이 아니라, 언어이해, 지각추론, 작업기억, 처리속도 등

인지기능의 프로파일이 매우 다양합니다. 경계선 지능이냐 아니냐의 차이보다 경계선 지능을 가진 아동들 사이의 차이가 더욱 큽니다. 이러한 편차를 무시한 획일적 수업 방식은 도움이 되기 어려우며, 오히려 무능력을 재확인시키는 경험만 제공할 수 있습니다.

　이러한 한계를 극복하기 위해서는 개별 맞춤 교육이 필수적입니다. 일반교육과 특수교육 모두에서 교육적 효과를 보기 어려운 경계선 지능 아동에게는 그들의 특성을 고려한 개별 맞춤 지원이 필요합니다. 이를 위해서는 다음과 같은 사항들이 고려되어야 합니다. 먼저 지능검사, 기초학습능력 검사, 행동평가척도 등을 통해 아동별로 구체적인 인지·정서·행동 프로파일을 파악해야 합니다. 아동의 현재 발달 수준을 분석하고, 정확한 출발점과 강·약점을 분석합니다. 프로파일을 분석하여 아동의 부족한 부분을 채워나가면서 단계별 과제 세분화 하고, 이를 통해 충분한 반복 학습의 기회를 제공하며 개별 특성에 맞춘 교수 전략을 설계합니다. 다음으로 인지적 토대를 바탕으로 학습·정서·사회성 훈련을 유기적으로 연계하여, 아동이 상황을 이해하고 적절히 대처할 수 있도록 전 과정을 돕는 통합적 지원을 제공해야 합니다. 또한 정기적인 평가로 지원 효과를 점검하고, 학습 계획과 지원 전략을 유연하게 조정하여 지속적으로 모니터링함으로써 아동이 꾸준히 성장할 수 있도록 해야 합니다.

　이러한 개별 맞춤 교육은 경계선 지능 아동이 자신의 속도와 방식으로 학습하고 사회적 상호작용을 경험하면서 긍정적 자아개념과 자기효능감을 회복하는데 기여합니다. 따라서 사각지대에 머무르던 경계선 지능 아동들이 '느리지만 확실한 변화'를 이룰 수 있도록 교사와 부모, 전문가가 함께 협력하여 하나의 교육 생태계를 구축하는 것이 무엇보다 중요합니다.

5. 경계선 지능은 평균 지능으로 향상될 수 있나요?

많은 교사와 부모님께서 가장 궁금해하시는 질문입니다. '경계선 지능은 평균 지능으로 향상될 수 있나요?'라는 질문에 결론부터 말씀드리면, '적절한 시기에 체계적이고 지속적인 개별 맞춤 지원이 이루어진다면 향상 가능성이 있다'입니다. 경계선 지능 아동은 '경계선 지능'이라는 용어에서 알 수 있듯이 지적장애와 평균 지능의 경계에 놓여 있습니다. 느린 학습 속도로 인한 격차가 생기기 쉬우나, 이 격차를 좁힐 수 있는 체계적이고 전문적인 지원이 이루어진다면 지능지수의 의미 있는 향상을 기대할 수 있습니다. 다만 1개월 또는 30회와 같은 단기 프로그램으로는 효과를 기대하기 어렵고, 최소 2~3년 이상의 일관된 개입과 지속적인 모니터링이 필요합니다.

특히 조기 발견과 개입이 중요합니다. 초등학교 저학년 시기에 진단받아 맞춤형 교육을 시작하면, 누적된 학습 결손이 적어 발달 가능성이 큽니다. 반면 고학년이나 사춘기에 발견될 경우 잦은 실패로 인한 학습된 무기력, 낮은 자존감, 또래와의 갈등 같은 복합적인 문제가 얽혀 있어 더 통합적이고 장기적인 지원이 필요할 수 있습니다.

상담 시 자주 말씀드리는 비유가 있습니다. 경계선 지능 아동은 '가랑비에 옷 젖듯이 성장한다'입니다. 가랑비는 처음에 맞을 때는 옷에 작은 점만 보이지만, 계속 맞고 있으면 옷 전체가 서서히 젖어갑니다. 우리 아이들의 성장도 그렇습니다. 겉으로는 변화가 더디게 나타나기 때문에, 세심하게 들여다보지 않으면 마치 정지한 것처럼 보이기도 합니다. 하지만 각자의 속도로 조금씩 자라고 있습니다. 현장에서 많은 경계선 지능 아이들을 만나며 아이들이 멈춰 있지 않고 조금씩 앞으로 나아가면서 어느새 놀랄 만큼 성장한 아이들을 만날 때마다, '포기하지 않고 기다려주는 어른의 힘'이 얼마나 큰지 실감합니다. 지능지수만으로 아이들의 성장을 단정할 수는 없습니다. 그러나 분명한 것은, 아이들이 조금씩 성장하고 있다는 사실입니다. 그러니 조급해하지 말고, 때로는 느리더라도 아이들의 걸음을 끝까지 믿고 응원해 주시길 바랍니다.

아래 사례는 장기적인 개별 맞춤 지원을 통해 경계선 지능 아동의 지능 지표가 어떻게 성장했는지를 보여줍니다. 먼저 사례 A는 초등학교 5학년 아동으로 개별 맞춤 지원 전 지능검사에서 전체 IQ 76으로 경계선 지능에 속하여 주 1~2회 개별 수업을 받았습니다.

약 2년 동안 지원을 받은 후 실시한 지능검사에서는 IQ 95로 평균 지능 수준에 도달했으며, 특히 언어이해와 지각추론 영역이 평균 이상으로 향상되었습니다.

사례 A

사전: 초5(2023.9.) K-WISC-IV

지표	환산점수 합산	지표점수	백분위	질적분류(수준)
언어이해	14	70	2.2	경계선
지각추론	26	91	28.0	평균
작업기억	16	89	22.7	평균 하
처리속도	14	82	11.9	평균 하
전체IQ	70	76	5.2	경계선

사후: 중1(2025.6.) K-WISC-IV

지표	환산점수 합산	지표점수	백분위	질적분류(수준)
언어이해	32	104	60.4	평균
지각추론	33	107	67.1	평균
작업기억	15	86	17.0	평균 하
처리속도	15	85	16.3	평균 하
전체IQ	95	95	36.7	평균

사례 B는 중3 때 실시한 지능검사에서 전체 IQ 77로 경계선 지능에 속하여, 약 2년간 주 1~2회의 지속적인 개별 맞춤 지원을 받았습니다. 이후 고2 때 실시한 지능검사에서는 IQ 100으로 평균 수준으로 향상되었으며, 언어이해와 지각추론, 처리속도 영역이 평균 이상으로 향상되었습니다.

사례 B

사전: 중3(2021.6.) K-WISC-IV

지표	환산점수 합산	지표점수	백분위	질적분류(수준)
언어이해	16	73	3.5	경계선
지각추론	28	96	38.8	평균
작업기억	14	83	12.2	평균 하
처리속도	14	82	11.9	평균 하
전체IQ	72	77	6.1	경계선

사후: 고2(2023.4.) K-WISC-IV

지표	환산점수 합산	지표점수	백분위	질적분류(수준)
언어이해	27	94	34.4	평균
지각추론	40	123	94.0	우수
작업기억	11	73	3.8	경계선
처리속도	23	109	72.2	평균
전체IQ	101	100	51.1	평균

사례 C는 개별 맞춤 지원 전인 중1 때는 지능검사 결과 전체 IQ 77로 경계선 지능에 속했습니다. 하지만 약 3년간 주 1~2회의 지속적인 개별 맞춤 지원 후 고1 때 실시한 지능검사에서는 IQ 96로 평균 수준으로 도달했으며, 언어이해와 지각추론, 작업기억 영역이 평균 이상으로 향상되었습니다.

사례 C

사전: 중1(2022.8.) K-WISC-IV

지표	환산점수 합산	지표점수	백분위	질적분류(수준)
언어이해	16	73	3.5	경계선
지각추론	28	96	38.8	평균
작업기억	14	83	12.2	평균 하
처리속도	14	82	11.9	평균 하
전체IQ	72	77	6.1	경계선

사후: 고1(2025.3) K-WISC-V

지표	환산점수 합산	지표점수	백분위	질적분류(수준)
언어이해	17	92	29	평균
시공간	24	111	77	평균 상
유동추론	27	120	91	우수
작업기억	20	100	50	평균
처리속도	13	81	11	평균 하
전체IQ	66	96	39	평균

정확한 진단을 통해 장기적으로 개별 맞춤형 지원이 이루어질 때, 경계선 지능 아동은 '느리지만 확실한 변화'를 보이며 평균 지능 이상으로 성장할 수 있습니다. 이러한 성장을 위해서는 체계적이고 지속적인 개별 맞춤 지원이 핵심입니다. 구체적으로는 아동의 부족한 영역을 보완하면서, 생애 발달 단계마다 요구되는 과업을 성공적으로 완성할 수 있도록 도와야 합니다. 특히 반복 학습과 단계별 과제 세분화를 통해 아동의 학습 속도에 맞춘 세밀한 과제 조정이 필요하며, 언어와 사고력, 문제해결력 향상 프로그램을 통해 기초

인지능력을 탄탄히 다지는 통합적 접근이 중요합니다. 또한 정기적 모니터링을 바탕으로 아동의 성장에 따라 맞춤형 교육과정을 유연하게 조정해야 합니다. 이처럼 아동 개개인의 특성과 성장 패턴에 맞춘 장기적이고 체계적인 지원이야말로 경계선 지능 아동의 잠재력을 최대한 끌어내는 핵심 요소입니다.

2
경계선 지능의 인지 및
정서·행동 프로파일 분석

1. 검사 도구 소개

　경계선 지능 아동을 위한 개별 맞춤 지원을 위해서는 아동의 인지와 정서, 행동 특성을 분석할 필요가 있습니다. 지능검사를 통해 인지 영역의 능력(언어추론, 시각·공간 처리, 유동추론, 작업기억, 처리속도)을 평가합니다. 경계선 지능 아동은 정보처리, 독해력, 사고력 영역에서 취약점이 두드러집니다. 인지적 취약점은 학습곤란이나 과제 수행 스트레스로 이어지며, 정서적 불안과 좌절 반응을 유발할 수 있습니다. 느린 처리속도는 과제 압박감으로 인한 과잉행동이나 회피 행동과 연결되고, 작업기억 약화는 복합 지시 이행 실패로 자존감 저하와 행동 문제를 심화시키는 요인으로 작용한다는 점 등을 간접적으로 추론할 수 있습니다. 하지만 기초학습 능력 습득 여부와 정서 및 행동 특성을 분석하기 위해서는 기초학습능력 검사와 정서·행동척도 검사를 함께 실시하는 것이 바람직합니다. 각 기관마다 검사의 종류가 상이할 수 있으나 인지능력을 평가하기 위한 지능검사와 기초학습능력 수준을 분석할 수 있는 기초학습능력검사, 정서와 행동 특성을 파악할 수 있는 정서·행동 검사를 실시합니다. 이번 장에서는 검사 도구에 대한 이해와 더불어 각 아동에게 실제로 검사한 결과를 사례로 들어 경계선 지능 아동의 인지 및 정서·행동 특성 프로파일 분석에 대해 알아보겠습니다. 먼저, 저자들이 속한 기관에서 경계선 지능 진단 시 사용하는 검사도구를 소개하겠습니다.

1) 한국형 웩슬러 아동 지능검사 5판
(Korean Wechsler Intelligence Scale for Children, K-WISC-V)

경계선 지능 아동을 이해하는 가장 중요한 도구는 웩슬러 아동용 지능검사(K-WISC)입니다. 이 검사는 단순히 하나의 IQ 점수만을 제공하는 것이 아니라, 아동의 인지적 강점과 약점을 구체적으로 파악할 수 있는 상세한 정보를 제공합니다. 한국형 웩슬러 아동 지능검사 5판(이후 K-WISC-V)은 6세부터 16세 11개월 아동의 인지능력을 다면적으로 평가하기 위해 고안된 검사 도구입니다. 4판, 5판 모두 언어와 비언어 영역을 포괄하는 소검사(subtest)들로 구성되어 있으며, 결과를 통해 개별 아동의 인지 프로파일 및 강·약점을 파악할 수 있습니다.

K-WISC-V는 웩슬러 지능검사 4판(K-WISC-IV)과 비교해 볼 때, 유동추론과 시공간 능력을 분리하여 평가하고, 지표 구성을 5개로 확장함으로써 인지 프로파일을 보다 세밀하게 분석할 수 있도록 하였습니다. 전체 지능지수별 진단 기준은 아래와 같습니다. 4판보다 5판에서는 보다 중립적이고 기술적인 용어를 사용했는데, 지능지수 70-79를 '경계선'이 아닌 '낮음'으로 표현하고 있습니다. 경계선 지능 아동은 IQ 기준을 70-79로 보는 경우도 있고, 70-85로 보는 경우도 있으나 일반적으로 71-84에 해당하는 경우로 보고 있습니다(이명희 외, 2020).

범위	K-WISC-IV 분류	K-WISC-V 분류
130 이상	최우수	매우 우수
120-129	우수	우수
110-119	평균 상	평균 상
90-109	평균	평균
80-89	평균 하	평균 하
70-79	경계선	낮음
69 이하	매우 낮음	매우 낮음

K-WISC-V 소검사 및 해석

K-WISC-V는 10개의 기본 소검사와 6개의 추가 소검사로 구성되는데, 전체 IQ(FSIQ)를 얻기 위해서 10개의 기본 소검사를 실시해야 합니다. 6개 추가 소검사는 전체 IQ 소검사 중 하나가 빠졌거나 유효하지 않은 경우 대체해서 사용할 수 있습니다. 기본 소검사

10개의 합으로 언어이해, 시공간, 유동추론, 작업기억, 처리속도의 다섯 개의 기본 지표 척도를 구합니다. 전체 IQ는 기본 소검사 중 7개 소검사(공통성, 어휘, 토막짜기, 행렬추리, 무게비교, 숫자, 기호쓰기)의 합으로 산출합니다. 5판에서는 기본지표 척도와 양적추론, 청각작업기억, 비언어, 일반능력, 인지효율 등의 추가지표 척도가 함께 제공되는데 추가지표를 사용하는 것은 선택사항이고, 임상적 유용성은 기본 지표 점수 분석으로 가장 잘 살펴볼 수 있기 때문에 기본지표 척도를 중심으로 자세히 살펴보겠습니다. 소검사 명이 괄호 안에 있는 경우(예: (상식))는 추가 소검사입니다(이명희 외, 2020).

(1) 언어이해 지표(VCI: Verbal Comprehension Index)

언어적 추론, 이해, 개념화, 단어지식 등을 활용하여 언어적 자극을 이해하고 단어를 이용하여 생각과 아이디어를 전달하는 개인의 능력을 측정합니다. 공통성과 어휘 소검사로 구성됩니다. 낮은 점수를 받은 경우, 어휘력 부족으로 단어의 의미를 정확히 이해하거나 표현하는 데 어려움을 보입니다. 이로 인해 개념적 유추나 추상적 사고 능력이 제약되고, 구어 및 문어 언어 이해력이 전반적으로 저하되어 수업 내용을 파악하거나 읽기·쓰기 과제 수행 시 지속적인 어려움을 겪을 수 있습니다.

소검사	설명
공통성	공통적인 대상이나 개념을 나타내는 두 개의 단어를 제시받고, 어떻게 비슷한지 설명한다.
어휘	그림의 이름을 말하거나 들려주는 단어의 정의를 말한다.
(상식)	광범위한 일반 지식에 관한 질문에 답한다.
(이해)	일반적인 원칙과 사회적 상황에 대한 이해에 근거하여 질문에 답변한다.

(2) 시공간 지표(VSI: Visual Spatial Index)

시공간 조직화 능력, 전체-부분 관계성의 통합 및 종합능력, 시각적 세부사항에 대한 주의력, 시각-운동 협응 능력을 측정하며 토막짜기와 퍼즐 소검사로 구성됩니다. 낮은 점수를 받은 경우, 시공간 정보를 조직화하고 시각적 패턴을 분석하는 능력이 약화되었음을 시사합니다. 이런 경우 블록을 이용한 도형 재구성이나 지도와 그래프의 해석, 글자와 숫자의 형태 식별이 어려워 학습과 일상생활에서 혼란을 느낄 수 있습니다.

소검사	설명
토막짜기	그림을 보고, 적-백 토막을 이용하여 제한시간 내에 동일한 모양을 만든다.
퍼즐	제한 시간 내에 완성된 퍼즐을 보고 퍼즐을 구성할 수 있는 3개 조각을 선택한다.

(3) 유동추론 지표(FRI: Fluid Reasoning Index)

귀납적 추론과 양적 추론능력, 전반적인 시각 지능, 동시처리, 개념적 사고, 추상적 사고 능력 등을 측정합니다. 행렬추리와 무게비교의 소검사로 구성됩니다. 낮은 점수를 받은 경우, 새로운 문제상황에서 규칙을 발굴하고 유추하는 능력이 부족하며, 문제해결 전략을 유연하게 전환하지 못하는 경향이 있습니다. 따라서 기존에 배운 방법이 통하지 않는 과제나 예측 불가능한 문제에 직면했을 때 적절한 해결책을 찾지 못하고 난관에 빠지기 쉽습니다.

소검사	설명
행렬추리	불완전한 행렬이나 직렬을 보고 완전한 행렬이나 직렬이 될 수 있는 답을 선택한다.
무게비교	제한 시간 내에 하나 혹은 두 개의 저울을 보고 균형을 맞추기 위해 빠진 부분에 어떤 사물이 들어가야 하는지 보기에서 찾는다.
(공통그림찾기)	두 줄 혹은 세 줄로 이루어진 그림을 보고 공통된 특성으로 묶을 수 있는 그림을 각 줄에서 하나씩 선택한다.
(산수)	제한 시간 내에 불러주는 서술형 수학 문제를 암산으로 푼다.

(4) 작업기억 지표(WMI: Working Memory Index)

주의력, 집중력, 작업기억 등을 측정하며, 숫자와 그림기억 소검사로 구성됩니다. 낮은 점수를 받은 경우, 머릿속에 정보를 유지하고 조작하는 능력이 떨어진다는 것을 의미합니다. 이로 인해 여러 단계로 이루어진 지시를 따르거나 복잡한 계산 및 긴 문장을 기억하며 처리하는 데 어려움을 겪어 과제 수행이 지연되거나 중단되는 일이 잦습니다.

소검사	설명
숫자	일련의 숫자를 듣고 같은 순서로 대답하거나, 역순이나 오름차순으로 대답한다.
그림기억	제한시간 내에 1개 이상의 그림이 있는 자극 페이지를 본 후, 반응 페이지에 있는 보기에서 해당 그림을(가능한 순서대로) 선택한다.
(순차연결)	일련의 숫자와 문자를 듣고, 숫자는 오름차순, 문자는 알파벳 순서로 말한다.

(5) 처리속도 지표(PSI: Processing Speed Index)

간단한 시각적 정보를 빠르고 정확하게 탐색하고 변별하는 능력, 정신 속도와 소근육 처리 속도 등을 측정하며, 기호쓰기와 동형찾기 소검사로 구성됩니다. 낮은 점수를 받은 경우 단순·반복 작업 처리 속도가 느려 학습 과제나 시험에서 시간 압박을 크게 느끼며, 이로 인한 불안 때문에 실수가 증가하기 쉽습니다. 결과적으로 과제의 정확도와 효율성이 모두 저하될 위험이 있습니다.

소검사	설명
기호쓰기	제한 시간 내에 간단한 모양이나 숫자와 짝지어진 기호를 따라 그린다.
동형찾기	제한 시간 내에 반응 부분을 훑어보고 표적 모양의 유무에 따라 표기한다.
(선택)	제한 시간 내에 무선으로 배열된 그림과 일렬로 배열된 그림을 훑어보고 표적그림을 표시한다.

경계선 지능 아동의 경우 작업기억과 처리속도가 현저히 낮은 것이 가장 두드러진 특징입니다. 경계선 지능 아동은 일반 아동에 비해 작업기억 수행 능력이 떨어지고, 작업기억 폭이 좁기 때문에 한

번에 제공되는 정보의 양을 줄여야 효과적인 학습이 가능합니다. 또한 처리속도 지수의 뚜렷한 약화도 경계선 지능 아동의 특징적 프로파일입니다. 이들은 단순하고 반복적인 작업에서도 일반 아동보다 현저히 느린 처리 속도를 보이며, 시간 제한이 있는 과제에서 특히 어려움을 겪습니다(이새별, 강옥려, 2020; 한국교육과정평가원, 2024). 언어이해와 지각추론 간의 불균형 패턴이 관찰되기도 합니다. 유동추론의 제약으로 인해 새로운 문제상황에서 규칙을 발견하고 적용하는 능력이 부족하여, 학습 과정에서 일반화와 전이에 어려움을 겪습니다. 이는 학년이 올라갈수록 더욱 복잡해지는 학업 요구에 적응하기 어렵게 만드는 주요 원인이 되는 것으로 알려져 있습니다.

2) 한국판 웩슬러 기초학습기능검사
(Korean Wechsler Fundamentals: Academic Skills, K-WFA)

유치원부터 고등학교 1학년까지를 대상으로 학습에 필요한 낱말 읽기, 읽고 이해하기, 쓰기, 셈하기(수계산) 기능이나 성취 수준을 측정하고 평가하는 검사입니다. 연령별, 학년별로 시작점과 중지점, 검사 제한 시간이 다릅니다(홍상황 외, 2015).

(1) 낱말읽기

단어를 정확하게 발음하는지를 평가하며, 단어 목록을 소리내어 읽습니다.

(2) 읽고 이해하기

읽고 이해하는 능력을 평가하며, 음이 같은 그림을 고르거나, 지문을 조용히 읽고 선다형 질문에 답합니다.

(3) 쓰기

쓰기 능력을 평가하며, 글자와 낱말을 받아쓰기 합니다.

(4) 셈하기

수계산 능력을 평가합니다. 소수의 계산, 가감승제가 포함된 수학문제, 기하학적 도형문제 해결, 대수방정식 풀이를 합니다.

검사 결과로 표준점수와 백분위를 제공하며, 각 영역별 표준점수를 확인하여 아래와 같이 분류합니다. 표준점수는 평균 100, 표준편차 15로 변환하여 산출한 값으로 또래 아이들의 평균과 비교하여 상대적인 위치를 나타냅니다. 백분위는 전체를 100으로 볼 때, 100명 중 몇 번째에 해당하는지에 대한 상대적 위치를 나타냅니다.

표준점수	분류
130 이상	최우수
120-129	우수
110-119	평균 상
90-109	평균
80-89	평균 하
70-79	경계선
69 이하	매우 낮음

3) 한국판 아동·청소년 행동평가척도
(Korean Child Behavior Checklist: K-CBCL)

부모나 보호자가 4세부터 17세까지의 아동·청소년의 정서와 행동을 체계적으로 평가할 수 있는 체크 리스트입니다. 크게 문제행동 척도와 적응 척도로 구성되어 있습니다. 부모나 보호자가 작성하는 보고형 척도로, 평가자의 신념이나 기대, 관찰빈도에 따라 점수가 달라질 수 있어 과대평가나 과소평가의 위험이 있습니다. 또한, 가정에서의 정서나 행동만을 평가 대상으로 삼기 때문에 다른 맥락에서 나타나는 특성을 포착하기 어려울 수 있다는 제한점이 있습니다(김진호, 김려원, 2018).

(1) 문제행동 척도

아동의 다양한 정서·행동 문제를 8개 영역으로 나누어 평가합니다. 내면화 문제는 정서에 관련된 것으로 불안/우울, 위축/우울, 신체증상, 사회적 미성숙, 사고문제로 구성되어 있습니다. 외현화 문제는 행동과 관련된 것으로 주의집중문제, 규칙위반, 공격행동, 기타문제로 구성되어 있습니다. 각 영역별 T점수가 70점 이상인 경우 임상범위로 전문적인 개입이 필요하며, 65점 이상 70점 미만인 경우 준임상범위로 예방적 개입과 지속적인 모니터링이 필요합니다. 65점 미만은 정상범위로 일반적인 발달 지원을 하면 됩니다.

- 불안/우울: 아동기에 흔히 보일 수 있는 우울증과 불안장애를 반영, 자신감이 낮고 지나치게 걱정이 많다거나 불안 및 공포

를 느끼는 정도를 측정
- 위축/우울(사회적 위축): 사회적 위축과 수줍음, 주변환경과의 상호작용 회피, 소극적인 태도를 반영
- 신체증상: 의학적 원인 없이 두통, 복통, 구토 등과 같은 신체증상을 호소하는 정도를 반영
- 사회적 미성숙: 나이에 비해 어리게 행동하거나 너무 어른들에게 의지하고 매달리는 성향으로 미성숙하고 비사교적인 측면을 반영
- 사고문제: 강박적 사고와 행동, 환청, 환시 같은 비현실적이고 기이한 사고 및 행동을 반영
- 주의집중문제: 산만하고 어떤 일에 오래 주의를 기울이지 못하고, 가만히 앉아있지 못하고 지나치게 움직이는 행동을 반영
- 규칙위반(행동일탈): 거짓말, 가출, 도벽 등 아동 및 청소년기에 보일 수 있는 행동일탈의 정도를 측정
- 공격행동(공격성): 말다툼, 남을 괴롭히고 못살게 구는 등 공격적인 성향과 싸움, 반항행동을 평가
- 기타문제: 위에 제시된 요인 외에 나타날 수 있는 다양한 부적응 행동 포함

(2) 적응 척도

친구들과의 관계, 부모와의 관계 등 사회성을 평가하는 사회성 영역과 학업 수행수준을 평가하는 학업수행 영역으로 구성되어 있으며, 두 영역을 합산한 점수로 산출합니다. 각 영역별 T점수가 30점

이하인 경우 임상범위로 전문적인 개입이 필요하며, 30점 초과 35점 이하인 경우 준임상범위로 예방적 개입과 지속적인 모니터링이 필요합니다.

2. 사례로 보는 인지 및 정서·행동 특성 프로파일 분석

1) 초등학교 2학년, 여학생

교사 보고에 따르면 아동은 학교에서 지시사항을 잘 따르지 못하며, 간단한 지시도 1:1로 자세하게 설명해야 수행할 수 있는 상황입니다. 낱말을 보고 따라 쓰는 것은 가능하지만 속도가 매우 느리고, 받아쓰기와 독해에서 어려움을 보이고 있습니다. 학기 초에는 3일 동안 학급 교실을 찾아오지 못하였습니다. 반면, 또래와의 일상적인 대화에는 문제가 없으며 활발한 사회적 교류를 보이고 있어 또래관계는 비교적 양호한 것으로 보고되었습니다. 아동의 지능검사 (K-WISC-V) 결과는 다음과 같습니다.

전체 IQ: 71(낮음)
언어이해: 73(낮음) 시공간: 84(평균 하) 유동추론: 77(낮음)
작업기억: 86(평균 하) 처리속도: 89(평균 하)

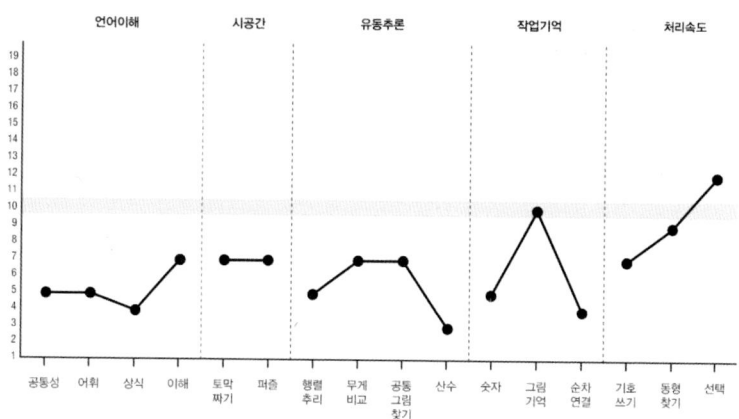

　아동의 전체 지능지수는 71로 경계선 지능 수준에 속합니다. 영역 간 지표점수를 비교했을 때 언어이해 영역이 73점으로 특히 낮아, 이해 및 표현력에 어려움이 있을 가능성을 보여줍니다. 시공간 영역은 84점 '평균 하' 수준으로 아동이 시각적으로 제시된 정보의 형태, 위치, 방향 등을 이해하고 분석하는 능력이 다소 낮은 편입니다.

　유동추론 영역은 77점으로 '낮음'수준에 속하며, 이는 아동이 낯선 문제를 접했을 때 논리적으로 판단하거나 추론하는 능력이 또래에 비해 떨어질 수 있음을 나타냅니다. 예를 들어, 추상적 패턴 인식, 규칙 파악, 문제상황에서의 창의적 사고와 유연한 사고 전환이 어렵거나 속도가 느릴 수 있습니다. 교육적 측면에서 유동추론 능력이 약한 아동은 새로운 개념이나 문제를 이해하는 데 시간이 더 걸리며, 정형화되지 않은 문제해결 상황에서 좌절감을 경험할 가능성이 높습니다. 따라서 문제를 단순화하고 단계별로 안내하는 맞춤형 학습 접근이 필요합니다. 또한, 구체적인 예시와 시각적 자료를 풍부하게 제공하여 추상적 사고를 보완하는 것이 효과적입니다.

작업기억 영역은 86점으로 '평균 하' 수준이지만 청각적 주의력과 관련된 하위 소검사 점수(숫자 기억 및 순차 연결)는 낮고, 시각적 주의력과 관련된 그림 기억 점수는 상대적으로 높아 아동이 시각적 정보를 더 잘 처리하는 경향이 있음을 알 수 있습니다. 이 결과는 듣고 기억하는 과정에서 청각 정보를 짧은 시간동안 저장하고 활용하는 데 어려움이 있음을 보여줍니다. 따라서 아동이 난해한 말이나 지시를 제대로 이해하지 못할 수 있으므로, 임팩트 있고 간결한 의사소통과 반복적인 기억 확인 절차가 필요합니다. 또한, 시각적 정보에 강점이 있으므로 생각을 그림이나 도표로 시각화하여 표현하도록 돕는 것이 효과적입니다. 예를 들어, 그림책이나 도표 등의 시각적 수단을 활용해 중요한 내용을 정리하고 이를 글쓰기와 연결하는 교육 방법이 적합합니다.

처리속도 영역은 89점으로 '평균 하'에 속하며, 기호 쓰기나 동형 찾기 같은 과제보다는 학습 부담이 적은 선택 과제에서 더 나은 성취를 보이고 있습니다. 선택 소검사는 많은 그림 중 특정 그림을 고르는 과제인데, 학습 요소가 적어 평가 상황에서 아동에게 부담이 덜한 유형입니다. 학습 실패 경험과 평가에 민감한 아동은 수행 과정에서 긴장과 스트레스를 크게 느껴 처리속도 점수가 낮게 나타나는 경향이 있으므로, 이런 점을 고려한 평가와 수업이 필요합니다.

아동의 읽기, 쓰기, 셈하기 능력을 검사(K-WFA)한 결과는 아래와 같습니다.

낱말읽기: 51(매우낮음) 읽고 이해하기: 64(매우 낮음)
쓰기: 58(매우 낮음) 셈하기: 55(매우낮음)

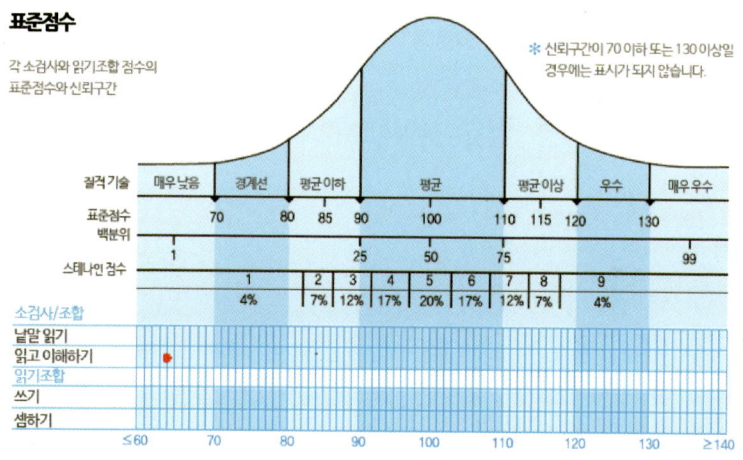

아동의 낱말읽기 수준은 표준점수 51점(백분위 0.1)로 매우 낮은 수준입니다. 일음절 단어나 자주 접한 몇 개의 단어만 읽을 수 있었습니다. 낱말읽기에 어려움이 있기 때문에 글을 읽고 이해하는 영역에서도 표준점수 64점(백분위 1)으로 매우 낮은 수준이고, 쓰기도 표준점수 58점(백분위 0.3)으로 매우 낮은 수준입니다. 불러주는 단어 중 3개의 단어만 쓸 수 있었습니다. 셈하기 영역에서도 표준점수 55점(백분위 0.1)으로 매우 낮은 수준에 속하며, 한 자리수 덧셈, 뺄셈도 계산하지 못하였습니다. 읽고 이해하기 영역 외에는 모두 백분위 1 미만으로 그래프에 표시가 되지 않았습니다. 아동은 읽기와 쓰기, 셈하기의 모든 영역에서 매우 낮은 수준을 보여 전문적이고 집중적인 개입이 필요합니다. 한글 해득을 위한 파닉스 학습과 수 감각 및 기초연산 향상을 위한 체계적이고 반복적인 집중 교육이 필요합니다.

아동의 정서·행동 평가 검사(K-CBCL) 결과는 아래와 같습니다.

임상수준: 없음, 준임상수준: 사회성, 학업수행

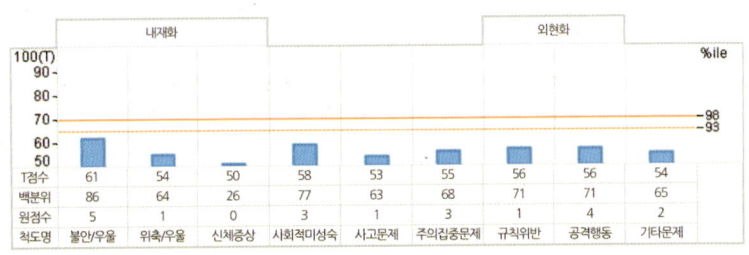

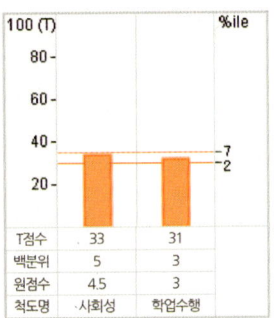

아동은 전반적으로 뚜렷한 정서적 문제는 나타나지 않으나, 사회성과 학업수행 영역에서 준임상 수준의 어려움이 관찰됩니다. 이는 교사의 보고 내용과도 일치하는 부분으로, 아동이 현재 학업 부담으로 인한 스트레스가 크지 않으나 점차 학년이 올라감에 따라 정서 문제와 사회 적응에서 어려움이 나타날 가능성이 있습니다. 아직 2학년 1학기 초(4월)이기 때문에 학업수행에서는 어려움이 나타나고 있으나 아직은 기초적인 개념을 배우고 있어 아동이 느끼는 스트레스와 압박감이 적고 학습된 무기력이나 우울감이 본격적으로 나타나지 않을 수 있습니다. 다만 K-CBCL 검사는 학부모가 주관적으로 관찰한 결과로 평가하기 때문에 미성숙한 아동의 경우 심리·정서적인 특성이 잘 드러나지 않을 수 있습니다. 특히 아동·청소년의 심리·정서적 문제행동은 성인과 다르게 나타날 수 있음으로 이에 대한 보다 세밀한 고려가 필요합니다. 아직 자신의 능력에 대한 객관적 인식이 부족하여, 또래와의 차이를 명확히 인지하지 못하기 때문에 자존감 저하나 열등감 등의 정서적 문제가 두드러지게 나타나지 않을 수 있습니다. 하지만 사회성에서도 어려움을 나타나고 있어 예방적 개입이 필요합니다. 저학년 시기에는 놀이의 규칙이 단순하고, 또래들 사이의 인지적 차이가 아직 크게 드러나지 않기 때문에 경계선 지능 아동이 사회적으로 크게 소외되지 않습니다. 하지만 학년이 올라갈수록 이해력 부족으로 인해 이차적인 정서적 위축이 나타날 수 있으며 말의 숨은 의미를 해석하고 소통하는 능력의 미숙으로 인해 교우관계에서 어려움을 겪기 시작합니다. 따라서 현재 정서·행동 문제가 두드러지지 않더라도, 아동의 정서적 안정감을 만들어 주는 지원이 중요합니다.

2) 초등학교 5학년, 남학생

아동은 초등학교 1학년 때 경계선 지능 및 ADHD 진단을 받아 약물치료 및 심리치료를 받았습니다. 교사의 보고에 의하면 또래보다 어휘력과 집중력이 부족하여 학업성취도가 낮습니다. 또한 자신의 감정이나 욕구를 정확하게 표현하고 타인과 의사소통을 원활하게 하지 못해 교우관계에서도 어려움을 겪고 있습니다.

아동의 지능검사(K-WISC-V) 결과는 아래와 같습니다.

전체 IQ: 73(낮음)
언어이해: 78(낮음) 시공간: 81(평균 하) 유동추론: 83(평균 하)
작업기억: 78(낮음) 처리속도: 81(평균 하)

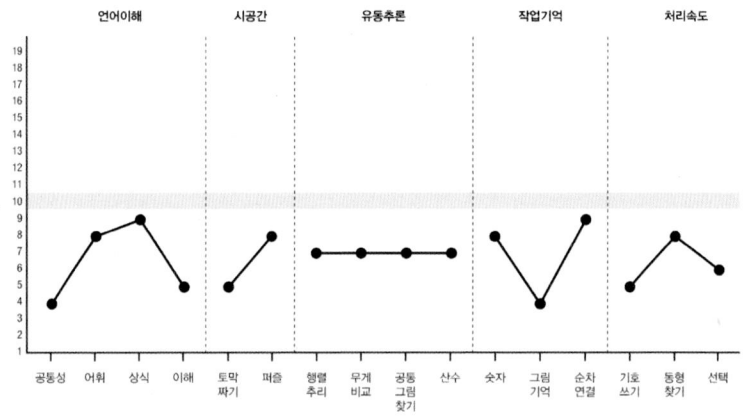

아동의 전체 지능지수는 73으로 경계선 지능 수준에 속합니다.

전반적으로 각 영역의 지표점수는 '평균하', '낮음' 수준으로 큰 차이를 보이지 않았습니다. 다만, 영역별 소검사간 차이에서 주의깊게 살펴볼 부분이 있습니다. 먼저, 언어이해 영역에서 공통성이나 이해 소검사가 다른 소검사에 비해 낮습니다. 이는 학생이 학습한 내용을 지식으로 기억하는 것과 별개로 사회적 규칙이나 암묵적 약속처럼 관습적으로 형성된 개념을 이해하는 데 어려움을 겪을 수 있음을 시사합니다. 해도 되는 행동과 해서는 안 되는 행동, 적절한 절차에 의한 문제해결 등이 부족할 수 있습니다.

또한 작업기억 영역에서의 그림기억 소검사 점수가 숫자나 순차연결 소검사 보다 더 낮게 나타났습니다. 상대의 말을 듣고 기억한 뒤 적절하게 반응하는 등 언어적 상호작용을 통한 문제해결 능력은 비교적 유지되고 있음을 의미합니다. 하지만 제시된 그림을 기억해 목표그림을 찾아야 하는 그림소검사에서 낮은 점수를 보여 시각적 정보를 기억하고 처리하는 데 어려움이 있음을 시사합니다. 이는 여러 그림 중 목표그림을 찾아내는 과정에서 기억해야 할 그림의 순서를 유지하거나 방해요인에 주의를 조절하는 데 어려움이 있을 가능성을 보여줍니다. 따라서 목표과제를 수행하는 동안 주의집중이 어려운 것인지, 아니면 외부 자극에 쉽게 반응하는 경향이 있는지를 함께 살펴볼 필요가 있습니다.

아동의 읽기, 쓰기, 셈하기 능력을 검사(K-WFA)한 결과는 아래와 같습니다.

낱말읽기: 81(평균 이하) 읽고 이해하기: 66(매우 낮음)
쓰기: 79(경계선) 셈하기: 73(경계선)

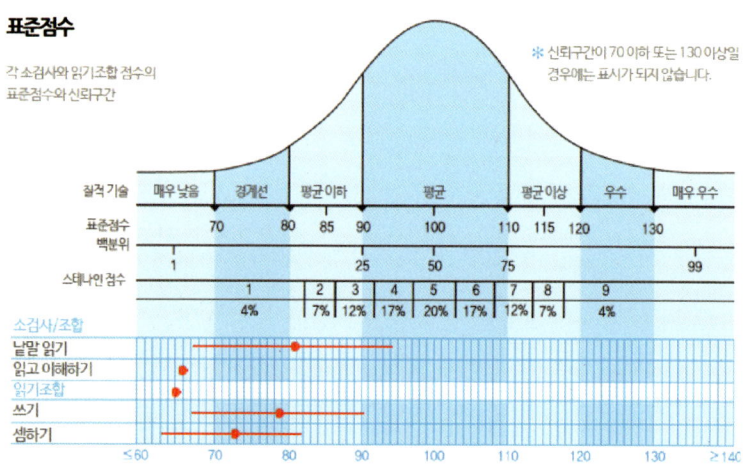

아동의 낱말읽기 수준은 표준점수 81점(백분위 10)으로 평균 이하 수준입니다. 음운변동이 있거나 겹받침이 있는 단어들에서 오류가 많았습니다. 낱말읽기에 어려움이 있기 때문에 글을 읽고 이해하는 영역에서는 더욱 낮은 성취를 보였는데, 표준점수 66점(백분위 1)으로 매우 낮은 수준입니다. 쓰기에서는 표준점수 79점(백분위 8)으로 경계선 수준입니다. 불러주는 단어 중 3개의 단어만 쓸 수 있었습니다. 셈하기 영역에서도 표준점수 73점(백분위 4)으로 경계선 수준이었고, 받아내림이 있는 뺄셈, 소수의 덧셈과 뺄셈 등 저학년에서 배운 문제에서도 어려움이 보였습니다. 아동은 읽기와 쓰기, 셈하기의 모든 영역에서 낮은 성취를 보이고 있어 전문적이고 집중적인 개입이 필요합니다. 음운변동이 있거나 겹받침인 낱말을 읽는데 어려움이 있고 이로 인해 읽기이해와 쓰기에서도 어려움이 있습니다. 따라서 어휘/형태소 수업과 더불어 읽기이해 향상을 위한 지도가 필요합니다. 또한 셈하기 영역에서도 어려움이 있어, 기초연산 향상을 위한 체계적이고 반복적인 집중 교육이 필요합니다.

아동의 정서·행동 평가 검사(K-CBCL) 결과는 아래와 같습니다.

임상수준: 불안/우울, 학업수행
준임상수준: 사회적 미성숙, 사고문제, 주의집중문제, 사회성

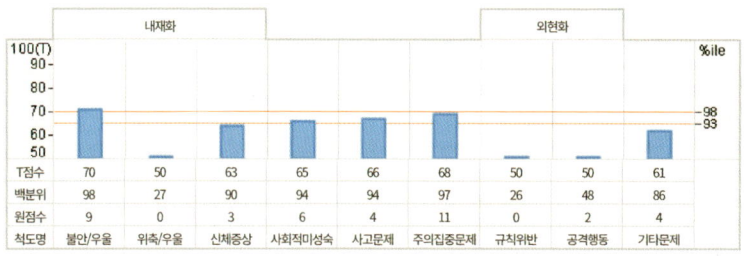

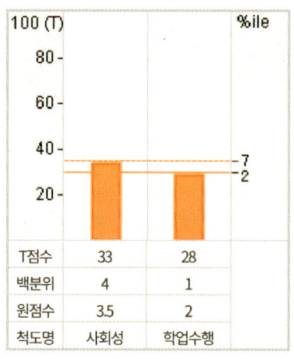

아동의 정서·행동 문제는 불안/우울이고, 학업수행에서도 전문적인 개입이 필요한 수준입니다. 예방적 개입이 필요한 부분은 사회

적 미성숙과 사고문제, 주의집중문제였고, 또래관계에서도 어려움을 나타내고 있습니다. 모의 보고에 의하면 아동 스스로 잘하는 것이 없다고 생각하며 자신감이 부족한 상태입니다. 또한 새로운 상황이나 환경에서 높은 불안을 경험하는 것으로 나타났습니다. 이는 경계선 지능으로 인해 나타나는 어려움으로 보이며 심리·정서적인 부분에서 불안/우울 증상이 높게 나타나는 원인을 충분히 고려해야 합니다.

또한 아동이 ADHD를 동반하고 있기에 주의집중 문제도 두드러지게 나타나고 있으며, 경직된 사고와 사회적 미성숙, 사회성이 준임상범위이나 임상범위에 근접해 있기 때문에 적극적인 개입이 필요합니다. 부정적 사고 패턴을 수정하고, 상황에 능동적으로 대처할 수 있도록 사고 전략을 지도해야 합니다. 예를 들어 과제가 어려울 때 문제를 작은 단위로 나누어 하나씩 해결하거나 불안할 때 가벼운 스트레칭이나 산책을 선택할 수 있도록 적응적 대처방식을 연습시킵니다. 또한 작은 성취에도 충분한 칭찬과 인정을 통해 자신감을 회복하고, 무력감을 극복할 수 있도록 돕는 것이 중요합니다. 더불어 자신의 감정을 인지하고 표현하는 연습을 통해 감정 인식 능력을 키우고, 타인의 감정을 이해하고 공감하는 능력을 강화할 수 있도록 지원해야 합니다. 마지막으로 상황이나 맥락에 대한 이해를 높이면서 문제해결력을 향상시켜 불안을 낮추고, 사고의 유연성을 높일 수 있는 구체적인 지원이 필요합니다.

3) 중학교 2학년, 남학생

아동은 중학교 1학년 때부터 폭력적인 행동으로 약물치료를 받아오고 있으며, 경계선 지능 판정을 받았습니다. 불안 수준이 높고 선택적 함구증으로 의사소통이 원활하지 않으며, 거짓말을 자주하고 과도한 휴대폰 사용 문제도 나타나고 있습니다. 이에 대한 관리를 모가 시작하자 폭력적인 행동이 시작되었다고 합니다. 교사의 보고에 따르면 한글 맞춤법에는 어려움이 없으나, 영어 단어 학습은 전혀 되지 않으며 수업을 따라가지 못해 어려움을 겪고 있습니다. 학교에서는 폭력적인 행동을 보이지는 않으나 친한 친구가 없다고 합니다.

아동의 지능검사(K-WISC-V) 결과는 아래와 같습니다.

전체 IQ: 82(평균 하)
언어이해: 95(평균)　시공간: 75(낮음)　유동추론: 72(낮음)
작업기억: 111(평균 상)　처리속도: 87(평균 하)

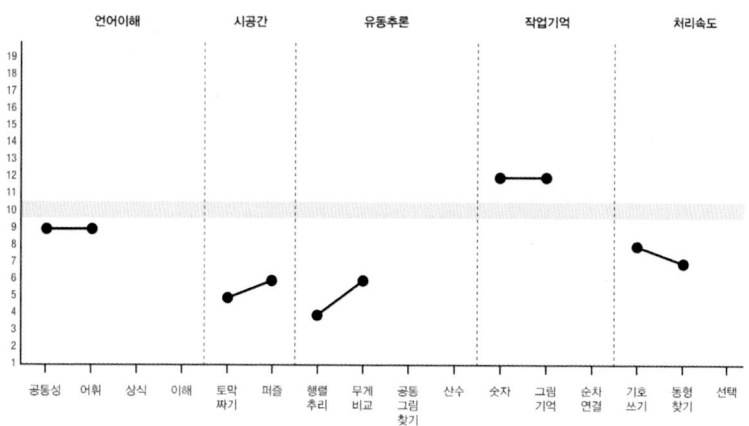

아동의 전체 지능지수는 82점으로 경계선 지능 수준에 해당하나, 지표 간 큰 격차(>23점)가 관찰되어 전체 IQ보다는 각 지표별 강·약점 분석이 더 적절한 것으로 판단됩니다. 지표 간 불균형을 분석한 결과, 작업기억(111점)과 유동추론(72점) 사이에서 39점, 언어이해(95점)과 유동추론(72점) 간 23점의 점수 차가 확인됩니다. 특히 작업기억과 유동추론 간 점수차는 통계적으로 매우 유의한 수준(≥23점)에 해당하며, 이는 인지적 처리 방식에서 뚜렷한 불균형을 시사합니다. 작업기억 점수(111점)가 가장 높았는데, 시각 및 청각 정보를 단기간 저장하고 단순 조작하는 능력이 평균보다 높은 수준이었습니다. 하지만 작업기억과 유동추론 간의 현저한 격차는 중요한 임상적 시사점을 제공합니다. 작업기억은 정보의 일시적 보유 및 단순 조작에 특화되어 있는 반면, 유동추론은 새로운 정보 간 관계 탐지와 규칙 발견, 추상적 사고를 요구하는 복합적 인지과정입니다. 이러한 불균형으로 인해, 아동이 정보를 단순히 기억하고 유지하는 능력은 우수하나, 이를 바탕으로 한 분석적 사고, 문제해결, 추론 과정에서는 어려움이 클 것으로 예상됩니다. 특히 복합적 사고 절차 없이 정보에 대한 즉각적 반응을 보일 위험이 있으며, 이는 충동적 행동이나 부적응적 대응 양상으로 나타날 수 있습니다. 따라서 단순하고 명료하게 과제를 제시하고, 그림이나 도표를 활용해 문제를 시각화하고, '왜', '어떻게'라는 질문을 통해 추론 과정을 연습할 수 있도록 해야 합니다. 추론적 사고능력 향상을 통해 정보에 충동적으로 반응하지 않고, 충분히 사고한 후 상황에 맞는 적절한 대응을 할 수 있도록 지원해야 합니다.

아동의 읽기, 쓰기, 셈하기 능력을 검사(K-WFA)한 결과는 아래와 같습니다.

**낱말읽기: 86(평균 이하)   읽고 이해하기: 98(평균)
쓰기: 85(평균 이하)   셈하기: 79(경계선)**

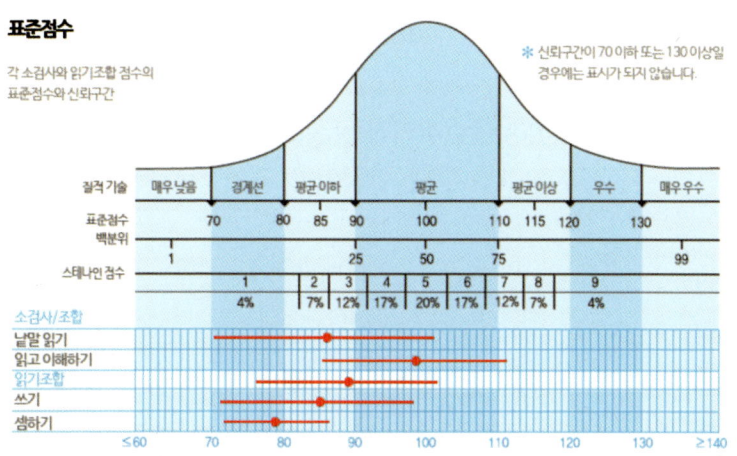

아동의 낱말읽기 수준은 표준점수 86점(백분위 18)으로 평균 이하 수준이며 음운변동이 있거나 겹받침이 있는 단어에서 오류가 많았습니다. 낱말읽기에 어려움에 비해 글을 읽고 이해하는 영역에서는 표준점수 98점(백분위 45)으로 평균 수준입니다. 다만 세부 내용 파악이나 내용 추론하기 영역에서 오류가 나타나 해당 영역의 보충 지도가 필요합니다. 쓰기에서는 표준점수 85점(백분위 16)으로 평균 이하 수준입니다. 음운변동이 있거나 겹받침인 단어에서 오류가 많았습니다. 셈하기 영역은 표준점수 79점(백분위 8)으로 경계선 수준입니다. 두 자리수 덧셈, 분모의 약분 등 초등 저학년 수준의 문제에서도 어려움을 보였습니다. 아동은 쓰기와 셈하기의 영역에서 전문적이고 집중적인 개입이 필요합니다. 어휘/형태소 수업과 더불어 독해력 향상을 위한 과정이 함께 다루어져야 하며, 자릿수 개념과 함께 연산 유창성 향상을 위한 수업이 필요합니다.

아동의 정서·행동 평가 검사(K-CBCL) 결과는 아래와 같습니다.

임상수준: 주의집중문제, 학업수행
준임상수준: 사고문제, 규칙위반, 공격행동, 사회성

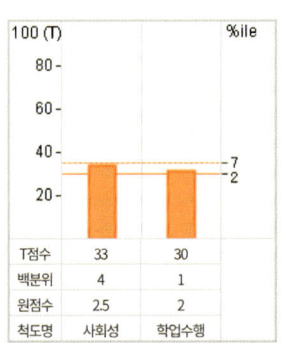

아동의 정서·행동 문제는 주의집중 문제이고, 학업수행에서도 전문적인 개입이 필요한 수준입니다. 모의 보고에 의하면 몇 달 전부터 집에서 부모에게 욕을 하거나 폭력적인 행동을 보였으며 이로 인해 자녀를 조심스럽게 대하고 있다고 했습니다. 하지만 검사 당일 모와 학생 간의 소통이 원활하지 않아 학생은 40분 늦게 센터에 도착하였고 어머니는 20분 일찍 도착하여 아동에게 수시로 전화를 거는 모습을 보였습니다. 이러한 상황은 어머니가 아동을 조심스럽게 대한다는 것과 상반됩니다. 교사 앞에서 아동의 잘못을 공개적으로 지적한다거나 반복적으로 아동의 문제행동에 대해 하소연하는 모습이 관찰되어 부모문제 또는 가정문제로 인한 심리·정서적 어려움을 고려할 필요가 있습니다. 경직된 사고와 규칙위반, 공격행동, 사회성이 준임상범위나 임상범위에 근접해 있어 적극적인 개입이 요구됩니다. 청소년의 경우 우울/불안이 내적 증상뿐 아니라 공격적 행동이나 문제행동으로 나타날 수 있다는 점을 감안해야 합니다. 따라서 공격적 충동이 불안이나 우울에서 기인한 것인지 면밀히 평가하고, 부모 상담을 통해 아동의 강·약점 및 충동 조절 전략을 공유하는 것이 필요합니다.

4) 고등학교 1학년, 남학생

아동은 다문화가정 학생으로 교사의 보고에 의하면 우정을 나누고 싶어 하는 마음이 크나 말이 어눌하고 친구 관계를 맺고 싶어 하는 마음을 이용당하여 또래에게 피해를 입는 경우가 많다고 합니다.

아동의 지능검사(K-WISC-V) 결과는 아래와 같습니다.

전체 IQ: 73(낮음)
언어이해: 84(평균 하) 시공간: 89(평균 하) 유동추론: 77(낮음)
작업기억: 75(낮음) 처리속도: 73(낮음)

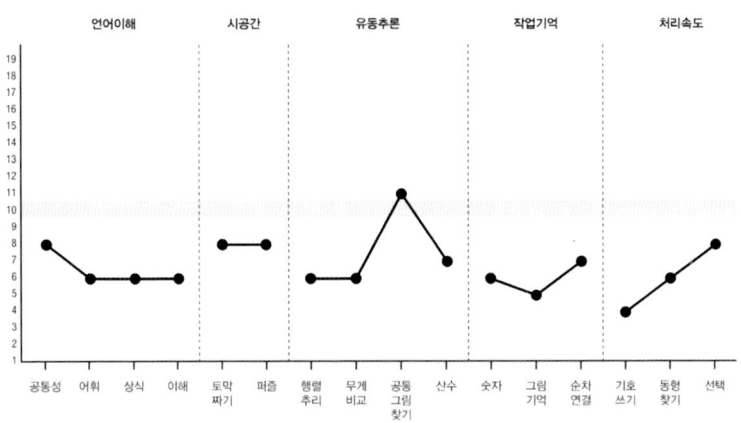

아동의 전체 지능지수는 73점으로 경계선 지능 수준에 해당합니다. 언어이해 지표에서 공통성 소검사 점수가 다른 소검사에 비해 상대적으로 높아, 이미 알고 있는 어휘나 개념을 추상적인 상위 범주로 연결하는 능력은 상대적으로 우수함을 시사합니다. 또한 유동추론 지표에서도 공통 그림 찾기 소검사 점수가 가장 높아, 여러 시각 자료를 공통 개념으로 통합하는 능력이 강점으로 나타납니다. 그러나 이러한 추상적 개념 이해 능력에 비해, 이를 언어로 표현하거나 정해진 규칙에 따라 개념을 논리적으로 추론하는 과정에서는 어려움이 관찰됩니다. 자신의 생각을 구체적인 문장으로 서술하는 데 제한이 있어, 타인과의 대화나 문제상황에서 피상적이거나 단편적인 대응 방식을 취할 가능성이 높습니다. 최종적인 결론이 유사하더라도, 그에 이르는 인지적 경로가 다르므로 각 단계별 사고 과정을 연결해 주는 지원이 필요합니다. 복잡한 추론 과정을 단계별로 명확히 인식하고 수행할 수 있도록, 시각적·언어적 지원을 통해 개념 이해와 언어 표현을 할 수 있도록 돕는 것이 중요합니다.

아동의 읽기, 쓰기, 셈하기 능력을 검사(K-WFA)한 결과는 아래와 같습니다.

**낱말읽기: 68(매우 낮음) 읽고 이해하기: 79(경계선)
쓰기: 79(경계선) 셈하기: 91(평균)**

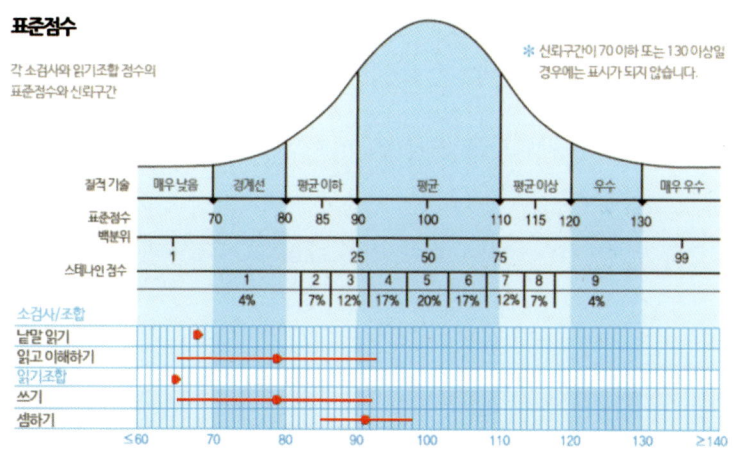

아동의 낱말읽기 수준은 표준점수 68점(백분위 2)으로 매우 낮은 수준입니다. 음운변동이 있거나 겹받침이 있는 단어에서 오류가 많았습니다. 낱말읽기에 어려움에 비해 글을 읽고 이해하는 영역에서는 표준점수 79점(백분위 8)으로 경계선 수준이나, 세부 내용 파악하기와 내용 추론하기에서 오류가 많아 지원이 필요합니다. 쓰기에서는 표준점수 79점(백분위 8)으로 경계선 수준입니다. 받침있는 단어와 겹받침, 음운변동이 있는 단어에서의 오류가 두드러졌습니다. 셈하기 영역은 표준점수 91점(백분위 27)으로 평균 수준입니다. 그러나 분수와 자연수의 곱하기, 소수의 곱셈 등 초등학교 3학년 수준의 수학문제에서부터 어려움이 관찰되었습니다. 셈하기 영역이 평균 수준에 속하나 아동이 고등학생임을 고려했을 때, 초등학교 3학년 수준의 수학능력을 습득할 수 있도록 적극적인 지원이 필요합니다. 어휘/형태소 수업과 더불어 독해력 향상을 위한 과정이 함께 다루어져야 하며 분수와 소수 개념, 연산 절차에 대한 지도가 필요합니다.

아동의 정서·행동 평가 검사(K-CBCL) 결과는 아래와 같습니다.

임상수준: 없음
준임상수준: 없음

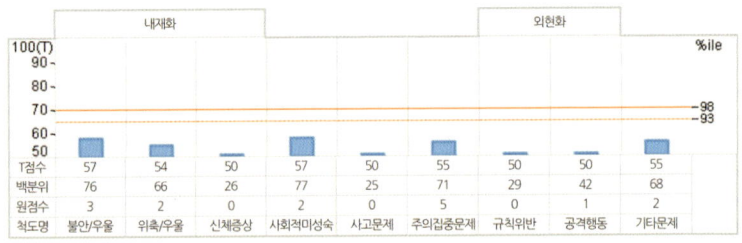

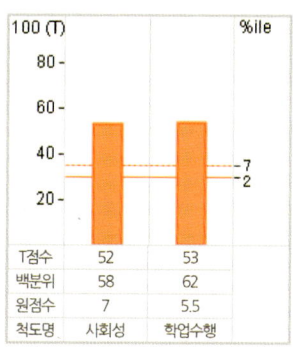

　아동의 정서·행동은 모두 정상범위로 큰 어려움이 없는 것으로 나타났습니다. 지능과 기초학습기능 검사 시에도 아동은 차분하게 검사자에 지시에 순응하며 성실히 검사를 수행했습니다. 다만, 말할 때 항상 '음…'이라고 하며 많이 주저하며 자신없이 말하는 모습이 관찰되었습니다. 부모님은 아동의 사회성에 어려움이 없다고 평가하셨으나, 교사의 보고에 따르면 친구를 만들고 싶다며 눈물로 호소했다고 합니다. 이는 학생의 친밀감에 대한 주관적 인식이 원인일 수 있으며, '친밀하다'는 것은 다소 피상적일 수 있어 어느 정도가 친밀한 관계인가에 대해 아동 개인의 생각을 들어 볼 필요가 있습니다. K-CBCL 검사는 부모 보고식이기 때문에 부모가 보는 아동과 아동 자신이 인식하는 자기정서에 차이가 발생할 수 있습니다. 대인관계에 대한 객관적인 조망과 상황에 따른 맥락적 이해를 통해 자신과 타인을 이해하고 적절한 관계를 유지할 수 있도록 목표를 세우는 것이 중요합니다.

3. 지능지수의 함정: 교사와 부모가 주의해야 할 점

1) 지능지수에만 의존하는 위험성

지능지수(IQ)는 아동의 지적 능력을 하나의 수치로 환원해 보여주지만, 이는 불변의 절대값이 아닙니다. 특히 학령기 아동의 경우 적절한 교육적·심리적 개입과 풍부한 학습 경험이 제공되면 신경가소성(neuroplasticity)을 촉진해 실제 IQ 점수에도 긍정적 변화를 불러올 수 있습니다(Diamond & Lee, 2011). 반대로 단순히 'IQ가 73점이라 돌고래보다 낮다'는 식의 절대적 한계 규정은 아동의 자기 효능감을 저하시키고, 자신이 성장할 여지가 없다는 잘못된 신념을 내면화하게 합니다. 이로 인해 필요한 지원을 회피하거나 중단함으로써 인지기능의 발달 기회를 놓치고, 오히려 학습 동기가 감소하며 인지능력이 퇴행할 위험이 있습니다. 따라서 IQ 결과는 아동의 현재 능력 프로파일을 이해하기 위한 하나의 참고치로 활용해야 하며, 교육적·심리적 중재 계획 수립 시에는 강점과 약점, 정서·행동 상태, 환경적 요인 등을 종합적으로 고려해야 합니다. 이렇게 다면적 평가를 기반으로 한 맞춤형 지원은 아동의 잠재력을 최대한 이끌어내고 장기적인 학습 성장과 적응력을 지원하는 데 필수적입니다(이명희 외, 2020).

지능검사에는 언어이해, 시공간 추론, 작업기억, 처리 속도 등 여러 하위 영역으로 구성되며, 이중 일부 능력은 유전적으로 결정되는 타고난 지능인 반면 나머지는 학습과 경험에 의해 향상될 수 있는 후천적 지능에 해당합니다. 따라서 IQ 전체 점수보다 영역별 프로파일이 중요합니다. 예를 들어, 시공간 추론 능력이 낮지만 언어이해가 뛰어난 아동에게는 어휘 학습 중심의 교수법이 효과적이며, 반대로 언어이해가 약한 아동에게는 시각적·실험적 학습 기회를 제공하는 것이 바람직합니다. 또한 검사 당일 신체적 피로, 정서적 불안, 집중력 저하 등으로 아동의 컨디션이 검사 수행에 큰 영향을 미칠 수 있습니다. 특히 미취학 아동이나 초등 저학년 아동은 불안 증가로 인해 언어이해와 작업기억 과제 수행이 저해될 수 있으므로 검사 결과만으로 아동의 지능을 절대시 하기보다는, 검사 전·후의 컨디션을 면밀히 관찰하고 필요 시 재검사, 보완 평가 또는 다양한 관찰 자료를 함께 검토해 종합 판단해야 합니다.

2) 진단명에 얽매이지 말기

'경계선 지능'이라는 진단은 아동을 규정하는 고정된 틀이 아닙니다. 이는 아동의 가능성을 제한하는 낙인이 되어서는 안 되며, 오히려 적절한 지원을 위한 출발점으로 이해되어야 합니다. 아동이 지닌 고유한 특성을 이해하고, 그에 맞는 개별화된 교육과 지원을 제공하기 위한 정보로 활용되어야 합니다. 이때, 아동의 노력과 성장 과정을 인정하며 격려하는 것이 무엇보다 중요합니다. 교육심리학에서 입증된 피그말리온 효과(Pygmalion Effect)는 교사와 부모의 긍정적 기대가 아동의 실제 성장으로 이어진다는 현상입니다. 연구에 따르면, 교사가 특정 학생들에 대해 '성장 가능성이 높다'는 기대를 품고 정성껏 돌보았을 때, 해당 학생들의 지능검사 점수와 학업성적이 실제로 유의미하게 향상되었습니다(Rosenthal &

Jacobson, 1968). 서울시의 사회성과보상사업 결과에서도 3년간 맞춤형 교육을 받은 경계선 지능 아동 74명 중 52.7%가 인지능력과 사회성 모두에서 개선을 보였습니다(고현실, 2020). 이는 적절한 지원과 기대감을 바탕으로 한 교육이 실질적인 성장을 가져올 수 있음을 보여주는 사례입니다. 반면, '경계선 지능이니까 안 될 거야'라는 편견과 포기는 아동의 자존감을 해치고, 학습된 무기력을 유발할 수 있는 낙인 효과(Stigma Effect)가 생기게 됩니다.

따라서 성장 중심의 접근이 필요합니다. 경계선 지능 아동도 자신만의 속도로 천천히, 그렇지만 꾸준하게 성장해 나갈 수 있습니다. 중요한 것은 아동의 현재 수준을 인정하면서도 미래 가능성을 믿는 균형 잡힌 시각입니다. 과도한 기대와 방임을 모두 피하고, 아동이 성취를 이뤘을 때는 칭찬과 격려를 아끼지 않아야 합니다.

3) 지능검사 결과를 활용하는 올바른 방법

지능검사 결과를 통해 아동에게 적합한 지원을 하기 위해서는 아래의 해야 할 것과 하지 말아야 할 것을 염두에 두어야 합니다.

(1) 해야 할 것

- 아이의 강점을 찾아 활용하기: 검사 프로파일에서 높은 점수를 받은 영역(예: 언어 이해, 시공간 추론 등)을 파악해 수업 자료나 과제에 반영합니다. 강점 영역을 중심으로 성취감을 느끼게 함으로써 전체 학습 동기를 끌어올립니다.
- 약점 영역에 맞는 구체적 지원 계획 세우기: 낮게 나타난 영역

- 에 대해 맞춤형 전략을 마련합니다. 예를 들어 작업기억이 약한 아동에게는 과제를 단계별로 분할하여 제시하고, 시공간 추론이 약한 아동에게는 시각화 자료를 적극 활용합니다.
- 작은 성장도 인정하고 격려하기: 목표 달성 여부와 관계없이 진행 상태와 노력 과정을 칭찬해 자존감을 높일 수 있도록 합니다. 피드백은 구체적이고 긍정적으로, '잘했어'보다는 '이번에 곱셈 문제를 스스로 끝까지 풀었구나, 잘했어!'처럼 표현해야 합니다.
- 전문가와 상담하여 정확한 해석받기: 심리평가 전문가나 특수교육 교사와 협력해 검사 결과를 다각도로 해석하고, 진단명에 얽매이지 않는 종합적 지원 방안을 마련해야 합니다.

(2) 하지 말아야 할 것

- IQ 점수로 아이의 미래 단정하기: IQ가 73이면 이 정도만 하면 된다고 최종 판단을 내리지 말아야 합니다. 지능지수는 변동될 수 있으며, 학습과 성장 요소를 충분히 고려해야 합니다.
- 다른 아이와 비교하기: 동년배나 형제자매의 지능 점수와 성취를 비교하면 열등감과 부정적 정서를 초래할 수 있습니다. 비교 대신 아동의 성장 궤적에 주목해야 합니다.
- 포기하거나 과도한 기대하기: 지원을 중단하거나 성과가 없을 것이라 단정해 포기해서는 안 됩니다. 반대로 현실적 한계를 고려하지 않은 목표를 설정하면 오히려 좌절감을 키울 수 있습니다. 균형 잡힌 기대 수준을 유지하며 꾸준한 지지와 격려를 제공해야 합니다.

2부

경계선 지능 아동에게 필요한 지원은 무엇인가요?

    경계선 지능 아동을 잘 이해하고 적합한 지원을 하기 위해서는 인지뿐만 아니라 학업적, 사회적, 정서적 특성을 통합적으로 고려한 맞춤형 교육 지원이 필요합니다. 단기적인 학업 성과를 넘어 일상생활에서의 의사소통 능력, 대인관계 기술, 자기조절 능력, 정서적 안정까지 함께 고려해야 비로소 아동이 학교와 가정, 지역사회에서 자신감을 가지고 건강하게 성장할 수 있습니다. 더불어 읽기·쓰기·셈하기의 기초학습 능력 습득 지원도 필수적인데, 단순히 학교 성적을 높이는 데 그치지 않고 인지 기능 전반을 향상시키는 긍정적 효과를 지니기 때문입니다. 읽고 쓰고 셈하는 과정에서 기호를 해석하고 의미를 이해하며 적정한 속도로 정보를 인출하는 훈련은 작업기억과 주의집중력, 정보처리 속도를 강화합니다. 이러한 변화는 나아가 사회적 상황 인식과 정서 조절 능력의 발달로 이어집니다(Kawashima, 2025). 특히 읽고 쓰기에 어려움이 있을 경우 어휘 습득과 유창성, 읽기이해, 작문, 수학 등 다른 영역에서까지 이차적 어려움이 발생할 수 있습니다. 이로 인해 학습된 무기력 같은 정서적 어려움과 대인관계 문제로 이어질 수 있으므로 반드시 적극적인 지원이 필요합니다. 만약 경계선 지능과 함께 난독 현상이 두드러지게 나타난다면 우선 난독 개선을 위한 전문적인 지원이 필요합니다.

1. 인지적 특성에 따른 지원 방안

경계선 지능 아동은 인지적 제약으로 정보처리 속도가 느리고 작업기억과 주의집중에 한계가 있습니다. 특히 작업기억 용량이 일반 아동보다 적어, 한 번에 처리할 수 있는 정보량이 현저히 제한됩니다. 이는 새로운 정보를 받아들이고, 처리하며, 이해하는 데 긴 시간이 걸리는 근본적인 이유기도 합니다. 따라서 배워야 하는 것과 관찰해야 하는 핵심 내용에 집중할 수 있도록 명시적이고 체계적인 학습 활동을 구성해야 합니다. 핵심 내용은 도표나 플래시 카드 같은 시각적 자료로 구성하여 반복적으로 보여주고, 학습 세션은 짧고 집중도가 높은 형태로 구성하며 자주 휴식을 주어 집중할 수 있도록 해야 합니다.

1) 의미 있는 반복학습 전략

정보가 장기기억으로 전환되려면 반복학습이 필수적이지만, 무의미한 반복은 효과가 없습니다. 예를 들어, 구구단을 의미도 모른 채 노래처럼 외운다고 해서 수학문제에 곱셈을 적용해 풀 수 있는 것은 아닙니다. 현장에서 선생님이나 부모님께 아동이 구구단은 외우는데, 곱셈 문제를 풀지 못한다며 어떻게 지도해야 하는지에 대한 질문을 자주 받습니다. 구구단을 외워보자면 2단부터 9단까지 막힘없이 외우는데, 수학 문제를 해결하는 데 적용하지 못하니 이해가 안 되실 겁니다. 하지만 의미를 모르고 구구단을 노래처럼 외운 아동은 7단을 잘 외워도, '7 곱하기 10'을 물었을 때, 답하지 못합니다. 왜냐하면 그건 구구단 노래에 없거든요. 또, '7 곱하기 6' 문제를 풀 때도 7단을 처음부터(7x1=7, 7x2=14…) 말하면서 답을 찾아가고, 간혹 신나게 '칠구육십삼(7x9=63)'하고 끝까지 말해놓고 문제를 보고 '7 곱하기 6'에 대한 답을 써야하는 것을 알고 나면, 다시 또 처음으로 돌아가서 '칠일은 칠…' 노래를 해야만 풀 수가 있습니다. 이런 상황은 교육 현장에서 매우 흔하게 볼 수 있는 장면입니다.

따라서 의미있는 반복학습이 필요합니다. 곱하기는 같은 수를 연달아 더한 것을 의미한다는 것을 이해한 후 구구단을 외워야 합니다. 7x1은 7을 한번 더한 것이고, 7x2는 7을 연달아 두 번 더했다는 것을 알아야 합니다. 이렇게 이해해야 7단을 외우면 '7x10'은 63에 7을 한 번 더 더하는 것임을 깨닫고 답을 찾을 수 있습니다. 반복학습 시 그냥 따라 외우거나 따라 쓰는 것은 매우 비효율적이고 노력에 들인 시간과 에너지에 비해 효과가 크지 않습니다. 다소 느리게 느껴지더라도 의미를 이해하고 반복해야 합니다. 정보가 단기기억에서 장기기억으로 전환되기 위해서는 시간과 반복이 핵심 요소인데, 경계선 지능 아동은 더 많은 학습의 기회와 충분한 연습이 필요합니다. 이때, 퀴즈나 게임 형태로 반복학습이 이루어지면 지루함을 극복하고 재미있게 학습할 수 있습니다. 또한 언제든 보고 참고할 수 있는 시각적 자료가 제공된다면 배운 내용을 다시 반복할 때 도움이 됩니다.

반복학습을 위한 과제를 줄 때는, 과제를 어떻게 수행하고 어디에 집중해야 하는지 명확하게 제시해야 합니다. 예를 들어, 'ㅔ'와 'ㅐ'는 아동들이 자주 혼동하는 모음입니다. 그래서 'ㅔ'와 'ㅐ' 들어간 단어가 있는 문장을 5번씩 따라 쓰도록 과제를 낼 때 단순히 따라쓰기만 지시하면 의미있는 반복 학습이 이루어지지가 어렵습니다. 문장에서 'ㅔ'와 'ㅐ'가 들어간 단어에 표시를 하거나 'ㅔ'와 'ㅐ' 모음 중 어떤 모음을 써야 하는지 주의를 기울이도록 지도해야 합니다. 이렇게 해야 따라 쓰면서도 'ㅔ'와 'ㅐ' 들어간 단어에 주의를 기울이게 되고 의미있는 반복학습이 될 수 있습니다.

2) 단계별 과제 제시

반복된 실패 경험으로 복잡한 인지 과제에 대한 부담감이 커지면 쉽게 위축되거나 산만해질 수 있습니다. 따라서 과제를 제시할 때는 복잡한 내용을 작은 단위로 세분화하여, 한 번에 하나의 단계만

지도하고 충분히 이해한 후에 다음 단계로 넘어가야 합니다. 예를 들어, 글을 읽을 때에도 전체 글을 한 번에 읽어내는 것이 아니라 각 문단의 내용을 이해한 후, 다음 문단으로 넘어가야 합니다. 그래야 전체적인 글의 내용을 잘 이해할 수 있습니다. 예를 들어, 3개 문단으로 이루어진 글이라면 문단별로 주제를 요약한 뒤, 글 전체의 주제를 요약합니다. 순서는 아래와 같습니다.

① 첫 문단을 소리 내어 천천히 읽으며 핵심 단어 5개 선택하기
② 선택한 단어를 이용하여 한 문장으로 요약하기
③ 두 번째 문단으로 넘어가서 ① ~ ②의 과정을 반복
④ 세 번째 문단으로 넘어가서 ① ~ ②의 과정을 반복
⑤ 전체 글을 다시 훑어보며 각 문단의 요약문을 연결해 문장으로 요약하기

3) 다감각 매체 활용

시각, 청각, 촉각을 동시에 활용하는 학습 방법이 효과적인데, 한글 학습 시에는 '낱자카드(시각) + 소리 내어 읽기(청각) + 모래 위에 글자 쓰기(촉각)'를 결합합니다. 수학에서는 구체물 조작을 통한 학습이 필수적입니다. 예를 들어, 덧셈을 가르칠 때 '3+2'를 숫자로만 제시하지 말고, 실제 사탕 3개와 2개를 한 바구니 안에 넣어서 합해 보고, 수막대로 표현하며, 그림으로 그려보는 활동을 순서대로 진행합니다.

어휘를 배울 때도 다감각 매체를 활용하는 것이 효과적입니다. 예를 들어 '높다'는 점프하면서, '낮다'는 웅크리는 동작을 함께 하면

서, '딱딱하다', '말랑하다'라는 단어는 물체를 만지면서(촉각) 다룬다면 단어의 의미를 이해하는 데 도움이 됩니다. 이처럼 시청각 자료와 손으로 조작하는 교구, 신체 활동을 결합하여 학습활동을 제공하면 단일 감각 의존으로 인한 과부하를 줄이고, 다양한 경로를 활성화해 기억이 강화되면서 장기기억으로의 전이가 촉진됩니다. 또한 신체 활동이나 물체를 만지는 움직임이 포함된 수업은 지루함을 줄이고 집중력을 높일 수 있어 경계선 지능 아동에게 더욱 효과적인 방법입니다.

2. 학업적 특성에 따른 지원

경계선 지능 아동은 기초학습 능력(읽기·쓰기·수학)의 발달 수준이 낮고, 습득하는 데 오래 걸려 학년이 올라갈수록 학습의 어려움이 증가합니다. 따라서 읽기와 쓰기, 수학의 기초학습 능력 습득을 위한 지원은 필수적입니다. 아동의 발달 수준을 진단하고 수준에 맞는 적합한 지원을 제공해야 합니다.

1) 읽기·쓰기 지도

아동이 한글을 소리나는 대로 읽고 쓰나 맞춤법에 맞게 읽고 쓰지 못한다면(예: 꽃이 →꼬치) 어휘와 읽기유창성, 읽기이해, 작문 영역의 지도가 필요합니다. 그러나 한글을 소리나는 대로 읽고 쓰지 못한다면 한글해득을 위한 체계적인 지도가 필요합니다. 한글은 표음문자이기 때문에 파닉스 교수법으로 지도하는 것이 가장 효과적입니다. 한글을 마치 한자와 같은 표의문자처럼 통글자로 암기하는 것은 비효율적이며, 모든 단어를 기억해서 읽고 쓰는 것은 매우 어렵습니다. 우리 모두 한글을 낱자와 소리의 대응관계를 이용하여 읽고 씁니다(이애진, 김기웅, 2022). 예를 들어, 아동이 "솜사탕'할 때 '솜' 어떻게 써요?"라고 물으면 대부분 "'소'에 '미음'을 쓰면 돼."라고 알려줍니다. 혹은 "시옷, 오, 미음을 쓰면 돼."라고도 알려줍니다. 하지만 이렇게 알려주면 아동은 '솜'은 읽고 쓸 수 있어도 '점'이나 '금'은 읽고 쓰기가 어렵습니다. 왜냐하면 '소'에 'ㅁ' 쓴 것이 '솜'인 줄은 알지만 '저'에 'ㅁ'을 쓴 것은 어떻게 소리내야 하는지 알 수 없기 때문입니다. 우리는 이미 한글을 습득했고 자동화되었기 때문에 잘 이해가 안 될 수 있습니다. 하지만, 우리도 '솜'을 읽고 쓸 때 '소, 미음, 솜'이라고 하지 않습니다. 실제로 천천히 써 보시면 자연스럽게 '/스~오~음/'이 됩니다. 각각의 낱자와 소리를 연결해서 '솜'을 읽고 쓰게 됩니다. 따라서 아동에게 알려줄 때도 '/소~음/'하고 '/음/'소리로 끝나면 받침에 'ㅁ'을 써야 한다고 알려줘야 합니다. 그래야 '점'은 '/저~음/'하고 '/음/'소리로 끝났으니, 똑같이 'ㅁ'을 쓸 수 있습니다.

우리는 각각의 낱자(자소)와 소리(음소)를 연결하여 읽고 쓰는 과정을 거치지 않은 것 같고, 파닉스로 배운 기억도 없기에 낯설게 느껴지실 겁니다. 하지만 위에서 말씀드린 것처럼 낱자와 소리를 연결하여 읽고 쓰면서 한글을 익혔습니다. 따라서 한글 해득이 어려운 아동에게는 반드시 한글 파닉스 지도가 필요합니다. 아래 한글 파닉스를 배울 수 있는 무료 앱을 소개해 두었습니다. '아이설렘 글자학습'은 낱자블럭을 누르면 각 낱자의 소리가 나오도록 되어 있어, 낱자와 소리의 대응관계를 배울 수 있습니다. 낱자블록으로 일음절 단어를 만들어 보고, 읽어보는 활동으로 구성되어 있습니다. 구글플레이스토어에서 '아이설렘 글자학습'을 검색하여 다운받아 사용하셔도 되고, https://iseollem.circulus.kr/wordcard로 접속하셔서 사용하셔도 됩니다. 회원가입이 필요 없고, 휴대폰, 태블릿, 컴퓨터에서 모두 사용 가능합니다. 그리고 읽기와 쓰기는 따로 떼어놓지 말고 꼭 함께 지도해야 합니다. 읽으면서 쓰는 연습을 병행하면 철자법 학습이 강화되고, 읽기와 쓰기를 유기적으로 연결하면 언어 처리 능력이 향상됩니다.

2) 기초수학 지도

아동이 한 자릿수 덧셈이나 뺄셈에서도 오류를 보인다면 수 감각 및 기초연산 지도가 필요합니다. 수 감각(Number Sense) 형성은 수학 학습의 출발점이자 모든 연산 능력의 기반입니다. 수 감각은 수에 대한 전반적인 개념틀로, 수와 수 사이의 관계를 직관적으로 인식하고, 수의 상대적인 크기를 이해하고, 수를 분해하고 합성('5'를 '2+3'으로 분해, '4+1'을 '5'로 합성) 할 수 있어야 합니다. 또한, 근삿값을 추정(대략적인 크기 파악)할 수 있고, 사칙연산의 기본 원리를 상황에 맞게 적용하여 문제를 해결할 수 있는 능력입니다(김동일 외, 2009).

수 개념을 설명할 때 '짝수는 두 개씩 묶을 수 있는 수', '홀수는 하나가 남는 수'처럼 언어적 정의와 실제 조작을 동시에 제공합니다. 또한 '합', '차', '배수', '몫' 등 수 관련 어휘를 카드로 제작해 활동 중 자주 노출시키고, 퀴즈 형태나 두 수 카드가 합쳐서 10이 되는 짝을 찾아 맞추는 게임을 통해 복습하면 효과적입니다. 일상생활 속에서도 수 감각을 키울 수 있는데, 예를 들어 쇼핑할 때 "사과가 한 봉지에 5개가 들었는데, 두 봉지면 사과가 모두 몇 개야?" 질문하면 다양한 맥락에서 경험을 쌓으며 자연스럽게 수 개념을 이해하고 수학 능력을 향상시킬 수 있습니다.

수는 우리가 감각으로 직접 지각할 수 있는 대상이 아니라, 사물의 개수나 크기 관계를 표현하기 위해 머릿속에서 구성해 내는 추상적 개념입니다. 따라서 개념학습에 어려움을 겪는 경계선 지능 아동에게 수학은 어렵게 느껴질 수밖에 없습니다. 그래서 수 개념을 배울 때 CSA 전략을 활용하는 것이 효과적입니다. CSA 전략은 수 개념과 연산 원리를 아동의 인지 발달 수준에 맞춰 구체물, 반구체물, 추상 단계의 세 단계로 제시함으로써 이해를 돕는 교수법입니다(이애은, 2022). 경계선 지능 아동의 작업기억과 주의력 한계를 고려하여 단계마다 충분한 경험과 피드백을 제공해야 합니다.

(1) 구체물 단계 (Concrete)
- 실제 물체를 만지고 조작하며 수와 연산 개념의 기초 감각을 형성
- 사탕, 블록, 구슬 등 실물을 사용하여 "3개"와 "2개"를 합치거나 나누기

(2) 반구체물 단계 (Semi-Concrete)
- 구체물이 아닌 그림과 모형, 도표 등 시각적 매개체를 통해 개념을 재현
- 블록 사진, 사탕 그림, 파이 차트 형태로 덧셈, 뺄셈, 분수하기

(3) 추상 단계 (Abstract)
- 수식과 기호만으로 연산 원리를 이해하고 적용(예: 3 + 2 = 5)
- '5-2'처럼 숫자와 기호 중심의 과제 수행

CSA 전략을 일관되게 적용하면, 경계선 지능 아동은 손으로 만지는 구체물 경험에서 시작해 그림과 도표의 반구체물을 거쳐 숫자와 기호의 추상적 이해에 이르는 과정을 자연스럽게 습득할 수 있습니다. 이를 통해 수 개념 기초가 탄탄해지고, 연산 수행력 및 수

감각이 점진적으로 향상될 수 있습니다.

3. 정서적 특성에 따른 지원 방안

경계선 지능 아동은 자존감이 낮을 뿐만 아니라 실제 자신의 상태와 자아 인식 간 괴리로 인해 정서적 어려움을 겪는 경우가 많습니다. 따라서 교사와 부모는 아동이 있는 그대로의 자신을 받아들일 수 있도록 돕는 것이 중요합니다. 이를 위해 구체적인 행동과 상황에 대해 칭찬하며 아동이 스스로를 긍정적으로 평가할 수 있는 기회를 자주 제공해야 합니다. "OO이가 오늘 집중하려고 노력한 모습이 정말 인상적이었어."처럼 구체적으로 과정과 노력에 대해 칭찬하며, 아동 스스로 자신의 강점과 약점을 현실적으로 인지하고 수용하도록 도와야 합니다. 자존감이 낮다는 그 자체가 문제가 아니라, '자신이 생각하는 모습'과 '이상적으로 바라는 자기 모습' 사이의 간극이 클 때 어려움이 발생합니다. 따라서, 아동이 자신의 현재 역량을 객관적으로 받아들이고, 작은 성취를 통해 점진적으로 이상적 자아에 다가갈 수 있도록 단계적 목표 설정과 피드백을 제공하는 것이 중요합니다.

안정적이고 신뢰로운 학습 및 가정 환경을 조성하여 아동이 감정을 자유롭게 표현하고 연습할 수 있는 분위기를 만들어 주는 것도 필수적입니다. 부적절한 행동이 관찰될 때는 혼내기보다는 따뜻한

눈빛과 부드러운 어조로 '왜 그런 행동을 했는지' 물으며 진심 어린 관심을 보여주어야 합니다. 아동이 나쁜 의도로 행동하지 않았음을 이해하고, 동시에 올바른 행동을 선택할 수 있도록 대안을 알려주며 아동이 자신의 행동에 책임을 질 수 있도록 지도해야 합니다.

분노나 화 같은 부정적 정서를 건강하게 표현하도록 지원하는 것도 중요합니다. 아동이 자신의 화난 감정을 스스로 인식하고 객관적으로 표현하는 법을 배우면, 과격하거나 불건전한 행동이 줄어들고 감정 조절 능력이 향상됩니다. 감정카드를 활용해 자신의 현재 감정을 선택하여 표현하게 하고, 이유와 대처법을 함께 찾는 활동이 도움이 됩니다. 또한 경계선 지능 아동에게는 충동적 비행 행동이 나타날 때 즉각적인 처벌보다는, 행동이 일어난 상황과 감정을 함께 탐색하고, 구체적 문제해결 기술을 단계별로 교육하여, 충동 대신 합리적 대응이 가능한 내적 자원을 키워주는 것이 효과적입니다. 예를 들어, 불안이 생기면 '숨 고르기'나 '산책하기' 중 하나를 선택하도록 지도할 수 있습니다.

일상생활 속에서 규칙을 세워 학습 및 생활 환경을 아동이 예측 가능하도록 만드는 것도 중요한데, 이는 아동에게 심리적 안정감을 제공하고 자기조절력을 길러주는 데 크게 기여합니다. 시각적 리마인더(일과표, 규칙 안내 카드 등)를 교실과 가정에 배치하면 아동이 스스로 일상을 점검하고 관리하는 데 도움이 됩니다.

이처럼 경계선 지능 아동의 정서적 안정과 건강한 자아 형성을 위해서는 구체적인 칭찬과 인정, 신뢰와 허용의 분위기 조성, 올바른 행동 가이드, 감정표현 지원, 일상 규칙 확립 및 시각적 보조의 통합적 접근이 필요합니다. 교사와 부모가 꾸준히 협력하여 이러한 지원을 일관되게 실행할 때 아동의 정서적 성장과 자기관리 능력이 효과적으로 향상됩니다.

4. 사회적 특성에 따른 지원 방안

경계선 지능 아동은 어휘력 부족으로 자신의 생각을 조리 있게 표현하는 데 어려움을 겪고, 사회적 상황을 해석하거나 적절히 대응하는 능력이 부족할 수 있습니다. 따라서 교사와 부모는 먼저 아동의 말을 끝까지 주의 깊게 경청한 뒤, 아동이 전달하고자 하는 핵심 내용을 간결하게 요약해서 재진술함으로써 표현 방법을 모델링해 주어야 합니다. 재진술은 경청의 효과가 있기 때문에 아동으로 하여금 존중받은 느낌이 들게 하고, 이 과정을 통해 아동은 자신의 발화에 책임감을 느끼게 됩니다. 또한, 경계선 지능 아동과의 효과적인 소통을 위해서 질문의 언어 수준을 조정하고, 이해를 돕는 시각 자료나 구체적 예시를 함께 제공해야 합니다. 예를 들어 "이 글의 주제가 무엇인가요?." 대신 "이 이야기에서 주인공이 가장 중요하게 느낀 감정은 무엇일까요? 기쁘다, 슬프다, 놀랐다 중에서 골라볼까요?"처럼 선택지를 제공하면, 아동이 답을 구성하는 데 필요한 시간을 벌면서 성공 경험을 쌓을 수 있습니다.

　어휘력 부족과 맥락 해석의 어려움, 비언어적 신호 이해 미숙은 경계선 지능 아동이 또래 관계를 형성하는 데 큰 장벽이 됩니다. 사회적 상황에 대한 해석 능력을 기르기 위해서는 영상이나 동화책 속 등장인물이 느끼는 생각과 감정을 질문하고 확인하는 활동이 유용합니다. 예를 들어 함께 본 애니메이션의 주인공이 왜 슬펐는지 물어보고, 교사나 부모가 그 이유를 설명해 주며 맥락을 이해하도록 돕습니다. 또한 낮에 학교에서 겪은 일상 장면, 친구와 함께한 놀이, 집에서 본 텔레비전 프로그램의 등장인물 등에 대해 자유롭게 이야기 나누어 봄으로써 친숙한 주제 속에서 사회적 단서를 포착하는 연습을 반복해야 합니다.

　친사회적 기술은 단순한 통제나 지시보다 구체적이고 실질적인 대처 방안을 가르칠 때 더 효과적입니다. 예를 들어 "친구에게 화내지 마!"라는 금지형 명령 대신 "친구가 기분 나쁠 때는 이렇게 말해 보자." 혹은 "소리를 지르고 싶을 때는 먼저 손을 가볍게 포갠 뒤 차분히 숨을 들이쉬었다 내쉬어 보자."와 같은 행동 모델을 제시해야 합니다. 놀이 방법이나 사과하기, 양보하기 같은 상호작용 기술을 실제 상황에서 연습하며 구체화하여 반복 학습시키면, 아동이 자연스럽게 상황에 맞는 행동을 스스로 선택할 수 있습니다.

　경계선 지능 아동의 사회성이 낮을 경우, 단순히 사회성 훈련이나 놀이치료에만 의존하는 것은 부족할 수 있습니다. 사회적 상호작용에서 적절한 언어적·비언어적 반응과 감정 조절이 이루어지기 위해서는 먼저 아동의 인지적 능력이 일정 수준 이상으로 향상되어야 합니다. 그래야만 사회적 상황을 빠르게 이해하고, 적절한 대응 전략을 떠올려 실행할 수 있으며, 자신의 감정을 인지하고 조절하는 능력도 함께 발달할 수 있습니다. 따라서 사회성 훈련이나 놀이치료를 진행할 때는 반드시 앞서 소개한 인지적 지원 방안을 병행하여, 아동이 상황을 인식하고 해석하는 기초 능력을 탄탄히 다진 후 사회적 기술을 연습하도록 계획해야 합니다. 이렇게 인지와 학습, 사회·정서 지원이 통합될 때, 아동은 진정한 의미의 행동 조절과 정서 조절을 실현하며 또래 관계 속에서 자신감을 회복할 수 있습니다.

5. 발달 시기별 특성에 따른 지원 방안

1) 초등기 특성에 따른 지원

초등기에 접어들면 읽기·쓰기·셈하기와 같은 기초학습 능력을 습득하는 데 오랜 시간이 필요하여 보충 학습이 필수적입니다. 또한 주의집중력과 기억 용량이 부족해 새롭게 배운 내용을 다른 상황에 적용하기가 힘들고, 학업 실패 경험이 반복될수록 심리적 불안정과 학습된 무기력이 발생합니다(정희정, 이재연, 2005). 따라서 경계선 지능 아동이 읽기와 쓰기, 셈하기의 기초 학습 영역에서 또래와의 격차를 줄이고 학습 능력을 갖출 수 있도록 체계적인 지원이 필요합니다. 또한 인지기능 발달을 촉진하는 다양한 훈련 프로그램이 지원되어야 하며, 효과적인 시험 전략 및 학습 방법을 알려주고 실생활에 적용할 수 있도록 지도해야 합니다. 다만, 학습 과정에서 강압적 접근이나 아동의 현재 수준을 고려하지 않은 과도한 학습량과 난이도 설정은 오히려 부정적인 영향을 미칠 수 있으므로 주의해야 합니다.

어휘력이 부족하여 사회적 상황에서 자신의 감정이나 생각을 정확하게 표현하지 못해 오해와 좌절을 경험하고, 대화 참여를 회피하거나 소극적인 태도를 보이게 됩니다. 사회적 단서를 해석하고 적절하게 반응하는 능력이 부족하여 상황에 맞지 않는 반응을 보이거나, 타인의 감정 상태를 파악하지 못해 부적절한 행동을 할 수 있습니다. 이로 인해 또래관계에서 소외되거나 적응하지 못하는 모습을 보입니다(정희정, 이재연, 2005). 따라서 친구 맺기와 유지를 위한 구체적인 사회적 기술을 지도하고, 지속적인 대화의 기회 제공을 통해 의사소통 능력을 향상시켜야 합니다. 이때 단계별 접근을 활용하여 인사하기, 대화 시작하기, 적절한 반응 보이기와 같은 구체적이고 명확한 사회적 기술을 체계적으로 가르쳐야 합니다. 역할놀이와 실제 상황 연습을 통해 다양한 사회적 상황에서의 적절한 반응을 반복 학습하고, 시각적 자료와 구체적인 예시를 활용하여 추상적인 사회적 규칙을 이해하기 쉽게 설명해야 합니다.

부정적 감정 조절이 미흡하여 욕설·거짓말·도벽 등 충동적 행동을 보이기도 합니다(Kim & Cheon, 2024). 정서적 불편함을 거짓말이나 욕설과 같은 부적절한 방식으로 표현할 경우, 교사와 부모는 아동이 그런 행동을 하는 이유를 차분히 확인하고, 보다 긍정적이고 적절한 대안 행동을 지도하며 격려와 지지를 아끼지 않아야 합니다. 만약 폭력성이나 부적합한 행동이 나타난다면, 아동이 그 행동을 통해 무엇을 얻으려 하는지 이해하려 노력하고, 그 동기를 바탕으로 적절한 대처 방법을 함께 모색하는 것이 필요합니다.

아동의 정서적 안정과 성장에 있어 양육자와의 친밀한 관계를 지속적으로 유지하는 것이 매우 중요합니다. 만약 학습 지원 과정에서 자녀와의 정서적 유대가 불안정해진다면, 학습 지원은 전문가에게 맡기는 것이 좋습니다. 특히 사춘기를 겪으며 부모와의 관계가 어려워지는 경우가 많은데, 이때 정서적 유대가 끊어지면 아동은 의지할 곳을 잃게 됩니다. 아무리 교사가 아동을 잘 돌본다 해도 부모의 역할을 완전히 대신할 수는 없기 때문입니다. 또한 교사와 부모는 함께 협력하여 아동이 친구를 만들고 유지하는 과정에 도움을 줄 수 있어야 하며, 이를 위해 대화의 기회를 자주 제공하고 자기방어적인 표현을 연습하도록 지도해야 합니다.

마지막으로, 아동이 작은 성취라도 꾸준히 경험할 수 있도록 도와야 합니다. 성공 경험은 아동의 자존감을 높이고 긍정적인 자기인식을 형성하는 데 핵심적인 역할을 합니다. 긍정적인 칭찬과 지속적인 격려를 통해 아동이 자신감을 가지고 도전하고, 어려움을 이겨낼 수 있도록 지원해야 합니다. 교사와 부모가 일관성을 유지하며 다양한 지원을 통합적으로 제공할 때, 경계선 지능 아동은 학습능력과 건강한 사회성을 갖추는 데 큰 도움을 받을 수 있습니다.

2) 중·고등기 특성에 따른 지원

중·고등기에 접어들면 전략적 사고와 기억력 부족으로 학업 난이도가 높아질수록 실패 경험이 누적되면서 인지적 무능감을 느끼게 됩니다. 또한 또래집단에서 소외되거나 과도한 집착 행동을 보이고, 상황 판단과 적절한 행동 선택이 어려워 공격적이거나 위축된 반응을 나타냅니다(정희정, 이재연, 2015). 진학·진로 준비 과정에서 좌절과 불안이 높아지며, 이로 인해 부정적 자기효능감과 자아개념 문제가 심화됩니다. 청소년기로 접어들면서 지원의 초점이 달라져야 합니다.

중·고등 시기에는 경계선 지능 아동이 학습에 필요한 인지능력을 습득하고 실제 생활에 적용할 수 있도록 꾸준한 연습과 지원이 필요합니다. 인지능력의 제한이 결국 학교 부적응과 사회부적응의 문제로 이어지기 때문에 지속적인 지원이 이루어져야 합니다. 학습면에서는 중·고등 단계에서 점차 복잡해지는 학습 과제를 효과적으로 관리할 수 있도록 교사와 부모의 지원속에서 점진적으로 습득할 수 있는 학습계획 수립 방법과 기초적 자기주도 학습 기술을 지도해야 합니다. 아동이 자신의 학습 목표를 설정하고, 시간과 과제를 체계적으로 관리할 수 있게 되면 학업성취도뿐 아니라 자기관리 능력도 향상됩니다. 아울러 미래 진로 선택과 준비에도 관심을 가지고, 적성 검사, 진로 탐색 활동, 실습 기회 등을 통해 실질적인 진로 준비를 지원하는 것이 필요합니다.

이 시기에는 부정적 정서로 인해 부적절한 행동이 발생할 수 있으므로, 그러한 정서의 원인을 함께 탐색하고 개선 방안을 찾는 접근이 효과적입니다. 갈등 상황에서 자신을 방어하고 원만히 대처할 수 있는 구체적인 언어 및 행동 기술을 반복적으로 연습해야 합니다. 예를 들어, '도움 요청하기', '정중하게 거절하기', '감정을 조절하고 표현하기'와 같은 의사소통 기술은 실제 친구 관계와 사회생활에서 매우 중요하므로 꾸준한 지원이 필요합니다.

또한, 일상생활에서 연령에 맞는 가사일이나 책임 있는 과제를 수행하도록 안내해 아동의 유능감과 주도성을 키우는 것이 중요합니다. 아동의 발달 수준과 흥미를 고려하여 과제를 선정하고, 과제 목표와 절차를 구체적으로 제시하며 수행을 지원하고, 구체적인 칭찬과 가이드를 통해 과제를 완료할 수 있도록 지도해야 합니다. 이런 과정을 통해 아동은 성취감을 느끼게 되고, 이러한 경험은 자존감 향상에 직접적인 영향을 미쳐 긍정적인 자기 이미지를 형성하게 돕습니다.

고등학교 시기에는 자립 생활에 대한 교육이 더욱 중요해집니다.

돈 관리, 예산 계획, 시간 관리, 교통 이용, 건강 관리 등 실제 생활과 직결된 기술들을 구체적으로 지도해 아동이 최소한의 사회적 자립을 이룰 수 있도록 돕는 것이 중점 과제입니다. 이러한 생활 기술 교육은 아동의 삶의 질 향상뿐 아니라 사회적 적응력과 독립성 강화에 필수적입니다.

마지막으로 교사와 부모는 긴밀한 협력 관계를 유지하여 아동의 변화와 성장 과정을 계속 관찰하고, 이에 맞춘 맞춤형 지원을 제공해야 합니다. 정기적인 상담과 정보 공유, 긍정적인 격려를 통해 아동이 안정된 환경에서 성장할 수 있도록 지원하는 것이 무엇보다 중요합니다.

6. 가정에서의 지원 방안

경계선 지능 아동이 일상생활에서 자립하고 원활히 적응할 수 있도록, 가정에서는 지능 향상에만 초점을 맞추기보다 다양한 실제 문제해결 경험을 제공하는 것이 중요합니다. 이를 위해 아동이 생활 속에서 스스로 경험하며 배울 수 있도록 다음과 같은 영역에서 체계적인 지원을 해주어야 합니다.

첫째, 개인 위생과 청결, 건강 관리 습관을 꾸준히 지도합니다. 손 씻기, 양치질, 머리감기, 옷차림 정돈과 같은 기본적인 자기관리 능력을 익힐 수 있도록 구체적으로 자세하게 지도해야 합니다. 경계선 지능 아동은 절차 학습(procedural learning)은 가능하지만, 한 번에 많은 정보를 기억하고 수행하는 데 어려움이 있으므로, 각 행동을 작은 단위로 쪼개고 반복 연습을 통해 몸에 익히는 방식이 효과적입니다. 또한 "OO아, 머리를 깨끗하게 감았네. 향기도 좋고 반짝반짝 하네!"처럼 즉각적이고 구체적인 칭찬으로 성취를 강화하고, 실패나 누락된 단계가 있을 때는 부드럽게 "이번엔 비누 거품을 좀 더 오래 문질러 볼까?"라고 제안하여 다음 실행으로 자연스럽게 이어지도록 돕습니다.

둘째, 사회적 예절 교육은 필수적입니다. 식사 예절, 손님 맞이하기, 공공장소에서 지켜야 할 행동, 언어 예절 등 일상에서 꼭 필요한 기본 예절을 반복적이고 구체적인 상황에 맞춰 지도합니다. 이를 통해 아동이 타인과의 긍정적 관계를 유지할 수 있는 토대를 마련할 수 있습니다.

셋째, 아동의 연령과 능력에 적합한 가사일에 참여하도록 격려하고 돕습니다. 간단한 방 청소, 설거지, 빨래 개기 등 작은 책임감을 키울 수 있는 활동부터 시작하여 점차 난이도를 높여 자립심을 키워 나가야 합니다. 이때 노력한 과정에 대해 칭찬을 해준다면 아동이 유능감을 느끼면서 자존감을 향상시키는 데 도움이 됩니다.

넷째, 여가와 취미 활동 참여를 적극 지원합니다. 방과 후 프로그램에 꾸준히 참여하도록 권장해 아동이 자신이 흥미를 느끼는 활동을 발견하고 발전시킬 수 있는 기회를 제공합니다. 여가 시간의 질적 향상은 아동의 정서 안정과 사회성 발달에 중요한 역할을 합니다. 이때 여러 프로그램을 단기간만 경험하는 것보다는 일정 기간 지속적으로 참여하는 것이 더욱 효과적입니다. 경계선 지능 아동은 유능감을 느끼고자 다양한 활동에 도전하나, 실제 참여 과정에서 어려움을 느끼면 금세 흥미를 잃고 중도에 포기하는 경우가 많습니다. 억지로 강요하는 것도 바람직하지 않지만, 계속해서 시도만 하고 끝난다면 오히려 실패감이 커질 수 있습니다. 모든 활동은 초반에 기초를 익히는 다소 지루한 과정이 있기 때문에, 부모님께서 이 시기를 잘 극복하고 성공 경험을 쌓을 수 있도록 꾸준히 격려해 주어야 합니다. 또한, 미리 이러한 기초 과정이 있음을 아동에게 알려주어 스스로 예측하고 적절한 프로그램을 선택할 수 있도록 돕는 것도 좋습니다.

다섯째, 친구들과의 긍정적인 시간을 보내도록 조력합니다. 또래와의 다양한 놀이와 대화가 이루어질 수 있게 환경을 마련하고, 미리 규칙이나 순서를 알려줘서 갈등을 최소화합니다. 또한 갈등 상황이 발생하면 "지금 어떤 기분이니?", "친구 입장에서는 어떻게 느낄까?"와 같은 질문으로 아동이 자신의 감정을 구체적으로 말하도록 유도합니다. 갈등 상황에서 사용하는 '미안해', '괜찮아'와 같은 문장 틀을 제공하고, 역할극으로 연습시켜 실제 상황에서도 활용할 수 있도록 합니다.

여섯째, 아동이 잘못한 행동에 대해서는 짧고 명확한 대화를 통해 훈육하되, 반드시 부모님의 방 등 정해진 공간에서 현재의 잘못에 대해서만 집중해서 이야기하는 것이 바람직합니다. 이때 비난보다는 이해와 개선을 목표로 한 대화가 이루어져야 하며, 과거의 부적절한 행동을 소환하지 않고 현재 잘못된 행동에 대해서만 훈육합니다.

마지막으로, 부모는 아동의 부족함보다는 장점과 노력에 주목하고 이를 인정해 주는 것이 중요합니다. 부모가 자신의 기대 수준에 아동을 맞추려 하기보다는, 아동 개별 특성에 맞는 기대와 지원으로 아동이 긍정적 자아 정체성을 형성할 수 있도록 돕는 태도가 필요합니다. 이와 같은 가정 내 일상적이고 구체적인 지원은 경계선 지능 아동의 자립 능력 강화와 정서적 안정에 크게 기여하며, 학습과 사회생활의 성공적인 적응을 위한 밑거름이 될 것입니다.

2
책 읽기를 통한 통합적 지원 프로그램

경계선 지능 아동은 지속적인 학습 부진으로 인해 읽기, 쓰기, 듣기, 말하기 등 기본적인 문해력이 부족한 경우가 많습니다. 또한 사고의 유연성이 떨어지고, 대인관계나 자기표현의 기회가 제한되면서 학교생활 및 사회적 상호작용에서 적응에 어려움을 겪기 쉽습니다. 이러한 어려움을 극복할 수 있도록 돕기 위해서는 인지기능은 물론 학습, 심리, 정서 영역에 이르기까지 통합적인 지원이 필요합니다. 적절히 선정된 책과 체계적인 독서활동은 이러한 통합적 지원의 효과적인 도구가 될 수 있습니다.

1. 통합적 지원의 효과

먼저, 다양한 주제의 책을 읽으면서 문맥 속에서 자연스럽게 어휘를 확장하고, 책을 읽기 전에 책에 등장하는 어휘의 의미를 예측해 보고, 책을 읽으면서 어휘의 의미를 확인하고 복습함으로써 장기기억에 어휘를 정착시켜 언어 이해도를 높일 수 있습니다. 둘째, 등장인물의 동기와 사건이 전개되는 과정을 추론해 봄으로써 정보 통합 및 논리적 사고 과정을 강화하여 유동추론 능력을 향상시킬 수 있습니다. 셋째, 지문을 요약하고 핵심어를 찾아 주제문을 정리해 보는 활동은 작업기억을 자극하고 집중력을 높이며, 단기기억에서 장기기억으로 정보를 전환하는 과정을 강화합니다. 넷째, 소리 내어 읽기와 발표, 토론은 구어 이해력과 표현력을 통합적으로 향상시킵니다. 마지막으로, 경계선 지능 아동은 타인의 비언어적 신호나 미묘한 사회적 단서를 포착하기 어려워 또래 관계에서 오해를 경험하기 쉽습니다. 이때 책 속 등장인물의 성격과 사건 대응 방식을 분석하면서 타인의 감정과 의도를 이해하고, 자신의 생각과 감정을 표현하는 연습을 통해 자기 이해를 높일 수 있습니다. 이를 통해 맥락이나 상황을 객관적으로 조망할 수 있는 능력을 키울 수 있습니다. 예를 들어, "친구가 내 물건을 빌려달라고 할 때 나는 어떻게 반응할까?"와 같은 질문을 던져 보고, 적절한 표현 방법과 경계 설정 기술을 체험해 보며 사회적 관계 기술을 향상 시킬 수 있습니다.

2. 그림책 읽기로 시작하기

　그림책 읽기를 통한 통합적 지원 프로그램은 경계선 지능 아동의 인지·언어 능력뿐 아니라 정서와 사회성의 전 영역에서 균형있게 발달할 수 있도록 돕는 효과적인 수단입니다. 경계선 지능 아동은 배경지식과 어휘력이 부족하고 추론 능력이 약해, 글로만 구성된 책에서는 핵심 의미를 파악하기 어렵습니다. 예를 들어, '아이슬란드의 한 지방이었습니다'라는 문장을 읽어도 '아이슬란드'나 '지방'이 낯선 단어라면 전혀 떠오르는 이미지가 없어 내용을 이해할 수 없습니다. 실제로 한 학생은 "아이스크림에는 지방이 많죠."라고 답하기도 했습니다. 때문에 책을 읽어도 재미가 없고, 재미가 없으니 또 책을 읽기 싫고, 책을 읽지 않으니 어휘나 배경지식이 쌓이지 못하고, 어휘와 배경지식이 쌓이지 못하니 책을 읽기가 어려워지는 악순환에 빠지게 됩니다.

　그림책의 삽화는 어휘와 문맥을 시각적으로 보완해 주므로, 그림을 보며 내용을 추론하는 데 도움이 됩니다. 또한 그림을 해석하는 과정에서 시각적 주의력과 집중력이 강화됩니다. 그림을 통해 글의 내용을 해석하는 데 도움을 받은 경험이 있는 아동은 다른 그림책을 볼 때도 글과 함께 그림을 자세히 관찰하며 글의 내용을 이해해 나가는 모습을 보였습니다. 간혹 그림책은 수준이 낮고 유치한 내용이라 생각하시는 경우가 있지만, 그림책이 담고 있는 이슈는 '우정', '신뢰', '중독', '자아 정체성', '진로 정체성', '다문화' 등 삶을 살아가는 데 있어 꼭 필요한 내용이며, 이를 그림과 함께 짧은 글로 이해하기 쉽고 재미있게 풀어놓았기 때문에 경계선 지능 아동뿐만 아니라 모든 아동들에게 의미있는 통찰을 줄 수 있습니다. 그리고 이러한 주제들을 다룰 때에는, 경계선 지능 아동이 내용을 이해하고 자신의 생각을 정립해 나갈 수 있도록 사고하는 방법을 명시적으로 지도하는 것이 중요합니다.

3. 사고력 향상을 위한 책 읽기 방법

사고력 향상을 위한 책 읽기 활동을 하기 위해서는 읽기 전·중·후 활동을 체계적으로 설계해야 합니다(Yopp & Yopp, 2010). 먼저 읽기 전 활동의 목적은 흥미유발과 배경지식 활성화입니다. 책을 읽기 전에 표지를 탐색하면서 제목과 저자, 그림 등을 살펴보면서 내용을 예상해 보고, 책을 읽는 목적을 상정합니다. 이는 책을 읽는 동기와 호기심을 불러일으키고, 새로운 정보가 기존 스키마에 연결될 수 있도록 도우며, 핵심 용어와 개념을 예측하고 질문을 형성해 인지적 토대를 마련합니다. 예를 들어, '보이지 않는 아이'라는 책을 읽기 전에 표지를 살펴보고 제목을 보면서 "'보이지 않는 아이'는 어떤 아이일까?"라고 질문함으로써 아동으로 하여금 책에 등장하는 인물에 대해 예상해 보게 하는 기회를 제공할 수 있습니다. 경계선 지능 아동의 경우, 책을 읽는 것에 흥미가 없고 목적 없이 그냥 읽기만 하는 경우가 많습니다. 따라서 책을 읽기 전에 읽기 목적을 만들어 주는 것이 중요합니다.

　지도한 학생 중 책 읽기 수업을 거부하는 학생이 있었는데 책은 재미가 없다는 것이 이유였습니다. 책을 읽어도 내용을 제대로 이해하지 못하고, 내용을 이해하지 못하니 재미나 효과가 없고, 효과가 없으니 책은 읽을 필요가 없다고 여기게 된 것으로 보였습니다. 그래서 한 가지 제안을 했습니다. 오늘 읽기로 한 책 제목이 '판다'인데, 만약 판다의 손가락이 몇 개인지 맞힌다면 수업을 안 해도 되지만 맞히지 못한다면 책을 읽고 수업을 하자고 말했습니다. 아동은 흔쾌히 응했지만, 3번의 기회를 주었음에도 맞히지 못했습니다. 아동은 계속 답을 알려달라고 졸랐고, 저는 책에 답이 있으니 읽어보자고 했습니다. 처음에 아동은 책을 읽으면서 판다의 손가락 개수가 어디에 나와 있는지에 집중했지만, 책을 읽으면서 판다가 하루 종일 많은 양의 대나무를 먹는다는 내용을 보며 채식하는데도 뚱뚱하다며 웃기도 하고, '뭐든 많이 먹으면 살이 찐다'라는 교사의 말에도 호응하면서 적극적으로 책을 읽어나가기 시작했습니다. 그리고 판다의 손가락이 6개라는 사실이 나온 부분에서는 1, 2개 차이로 자신이 맞추지 못한 것을 안타까워하면서도 6개라는 사실에 신기해하며 책을 읽어나갔습니다. 책을 다 읽고 난 후에도, 새롭게 알게 된 사실들에 대해 다시 언급하면서 친구들에게도 문제를 내 보겠다며 신나 하는 모습을 보였습니다. 수업이 마무리될 때는 다음 시간에는 어떤 책을 읽을지도 궁금해하기도 했습니다. 이렇듯 책을 읽는 목적이 생기면 책을 읽는 동기도 높아지고, 호기심을 가지고 내용에 집중하면서 적극적인 책 읽기를 할 수 있습니다.

읽기 중 활동의 주요 목표는 책의 내용을 정확하게 이해하고 사고력을 증진시키는 데 있습니다. 이를 위해 아동은 '지금 내가 이해하고 있는가?', '이 정보는 앞의 내용과 어떻게 연결되는가?'와 같은 자기 점검 과정을 통해 메타인지 능력을 기르고, 마인드맵이나 그래픽 조직자를 활용해 글의 구조와 주요 정보 간 관계를 시각화합니다. 이러한 과정을 통해 정보를 작업기억에 유지하고 통합, 분석하는 능력을 강화할 수 있습니다. 교사나 부모의 질문에 답하면서 사실을 확인하고 추론적, 비판적 사고를 활성화하며, 스스로 '이 사건의 원인은 무엇인가?', '다른 결말은 가능할까?' 등을 질문하여 사고 폭을 넓힙니다. 예를 들어, 이야기 요소(시·공간 배경, 주요 사건, 갈등과 해결)를 분석하는 활동은 사건 간 인과 관계를 명확히 파악하고, 다양한 관점을 통해 상황을 재해석함으로써 추론능력을 높이는 데 도움을 줍니다. 특히 경계선 지능 아동의 경우 책을 읽는 동안 핵심 정보를 작업기억에 유지하고, 새로운 정보가 들어오면 불필요한 정보를 제거하면서 내용을 지속적으로 업데이트하는 데 어려움을 보이므로 이러한 과정을 명시적으로 연습할 수 있는 체계적인 활동이 필요합니다.

읽기 후 활동의 주요 목표는 내용 정리하고 사고를 확장하는 데 있습니다. 읽은 내용과 자신의 생활이나 경험을 연관시키며 텍스트 속 정보를 분석하고 통합하면서 주요 내용을 정리한 뒤 이를 타인과 공유하는 과정으로 구성합니다. 요약하기를 통해 핵심 정보를 자신의 언어로 재구성함으로써 의미 있는 방식으로 내용을 조직하고 장기기억에 정착시킬 수 있습니다. 또한, 감상문이나 설명글 쓰기와 같은 과제를 통해 사고 과정을 명료하게 표현하면서 비판적·창의적 사고력과 의사소통 능력을 통합적으로 향상시킵니다. 경계선 지능 아동은 자신이 알게 된 사실이나 정보, 이야기를 타인과 공유하는 경험이 적기 때문에 읽기 후 활동을 통해 연습할 필요가 있습니다. 사람은 자신이 알게 된 흥미로운 사실을 남과 나누고 싶어 하고, 이는 경계선 지능 아동도 마찬가지입니다. 다만 경계선 지능 아동은 내용을 정확하게 이해하지 못해 정리가 되지 않고, 중요 내용을 기억해서 다른 사람에게도 전달하는 것이 어려우며, 전달하더라도 횡설수설하게 되고 제대로 소통이 안 되기 때문에 시도하지 못하는 것입니다. 한 경계선 아동과 '샤브샤브'의 유래담을 읽고, 육하원칙에 따라 내용을 활동지에 정리하고, 자신의 말로 중요 내용을 요약하여 쓰는 활동을 했습니다. 자신의 말로 요약해 보면서, 아동은 '샤브샤브'에 대해 잘 설명할 수 있게 되었습니다. 더불어 다음에는 자신이 좋아하는 '샌드위치'에 대한 유래담을 읽고 싶다며, 책을 통해 알게 된 주제에 관심을 갖고 더욱 탐구하는 모습을 보였습니다. 또한 '샌드위치'도 '샤브샤브'처럼 어떤 의미를 담고 있을 것이라 예상하며, '샌드위치'니까 '모래마녀'가 아닐까 하며 단어의 뜻을 추측해 보는 모습도 보였습니다. 얼마 후 아동의 어머님과 상담하였는데, 최근 자녀가 읽은 책의 내용을 문제로 내거나(예: '샤브샤브'는 어느 나라 음식이었을까?'), 새로 알게 된 사실을 잘 설명하는 모습을 보며 놀랐다고 하셨습니다. 이제는 자녀가 어떤 새로운 이야기를 들려줄지 기대도 되고, 함께 얘기 나누는 시간을 기다리게 되었다며 감사의 인사를 전해 주셨습니다. 이처럼 읽기 전·중·후 활동의 체계적 설계는 경계선 지능 아동의 인지 처리의 전 과정을 균형있게 지원하며, 학습의 효과를 극대화할 수 있습니다.

4. 책 읽기 활동 예시:
마음과 생각을 키우는 독서수업, 더자람

아래 책 읽기 활동 교수지도안은 소셜벤처 써큘러스리더(주)에서 출판한 느린 학습자를 위한 사회정서학습 프로그램인 '마음과 생각을 키우는 독서수업, 더자람'에서 발췌하여 지도안으로 구성한 것으로, 읽기 전·중·후 활동으로 구성되어 있습니다. 이야기글인 '달 샤베트'와 '여우누이', 설명글인 '핑크 셔츠 데이'를 읽고 책임있는 의사결정, 대인관계, 문제해결, 지식습득, 비판적 사고 역량 향상을 목표로 활동이 구성되어 있습니다.

1) 책임 있는 의사결정, 대인관계, 문제해결, 비판적 사고(달 샤베트)

도서명	달 샤베트	목표역량	책임 있는 의사 결정, 대인관계, 문제해결, 비판적 사고
활동 목표	여러 갈래로 퍼져 나가는 사건의 맥락을 이해하고 각 사건의 해결 방안을 정리하는 활동을 통해, 인과 관계와 문제상황에서의 해결 과정을 생각해 볼 수 있다. 또한 이 이야기를 바탕으로 상상력을 발휘하여 다양한 이야기 전개를 만들어 보면서 유연하게 사고하는 연습을 할 수 있다.			
학습 단계	교수-학습 내용			

읽기 전	활동 목표
	: 제시되는 단어의 의미를 맥락적으로 이해하고, 단어를 넣은 문장을 나의 경험과 연결 지어 쓴다.
	
	활동 순서
	① 활동지에 제시된 단어를 학생과 함께 확인한다.
	② 학생이 의미를 알고 있는 단어가 있는지 확인한다.
	  - 학생이 단어의 의미를 안다면, 단어를 넣은 문장을 쓰도록 함께 상황을 구상한다.
	  - 만약 학생이 단어의 의미를 모른다면, 교사가 단어의 의미를 예문으로 설명한다. 또는 책에서 단어가 나오는 부분을 펼쳐, 전후 상황을 보며 단어의 의미를 추론해 본다.
	③ 교사와 이야기를 나누는 과정에서 나왔던 여러 상황 중 하나를 학생이 고른다. 구상을 마치면 활동지에 문장을 쓴다.
	
	㉠ 활동지
	
	낱말의 뜻을 알아보고, _____(어)만의 문장을 만들어 보아요
	○ 부지런하다 _____
	○ 피어나다 _____
	○ 사라지다 _____			

	교수 tip ○ 교사와 학생이 내용을 알맞게 구상하였어도, 그 내용을 문장으로 정리하여 쓰는 것이 어려울 수 있다. 그러한 경우, 구상한 상황에서 가장 핵심 내용을 골라 작성할 수 있도록 한다. 보통 '누가, 무엇을 했다'의 구성이 그에 해당한다. ○ 내용 면에서 부자연스러운 부분이 없다면 형식 면을 확인한다. 학생의 수준에 따라 문장의 길이, 맞춤법, 문장 구성 성분, 주어-서술어 호응 관계 등을 수정 지도한다. ○ 교수 초기에는 오류가 많더라도 반복되고 두드러지는 일부 오류만 목표로 수정 지도한다.
읽기 중	**활동 목표** : 책에서 사건이 발생하는 과정을 순차적으로 파악하고, 벌어진 사건과 그에 따른 결과를 연관 지어 생각하며 문제 해결 방식을 탐색한다. **활동 순서** ① 책에서 할머니가 달물을 받고 사건이 발생되는 지점에서 학생에게 활동지를 설명한다. ② 달샤베트와 관련된 사건의 문제 및 해결 내용을 작성한다. ③ 달맞이꽃과 관련된 사건의 문제 및 해결 내용을 작성한다. 예 활동지 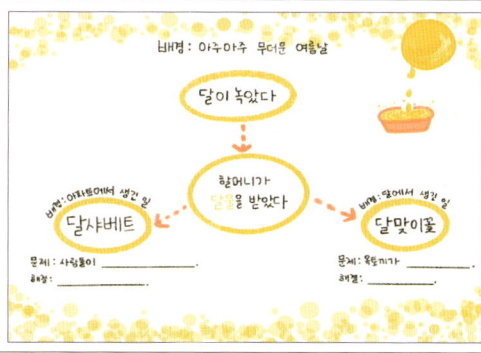 **교수 tip** ○ 활동 진행 전, 교사는 책의 어느 지점에서 읽기를 멈추고 활동지를 진행할지와 문제상황 및 해결을 어떻게 작성할지에 대해 교수 방향을 잡는다. ○ 학생이 쓴 문장에 중요한 내용이 다 포함되어 있는지 확인하고, 중요한 내용이 너무 생략되어 있거나 책의 내용을 너무 그대로 쓴 경우는 수정하여 쓰도록 지도한다. ○ 문장을 어디부터 어디까지 써야 할지 몰라서 학생이 못 쓰는 경우, 교사는 시작과 끝을 정해주는 등 해당 내용을 요약하여 쓸 수 있도록 도움을 준다.

	활동 목표 : 줄거리 설명이나 자기가 지어낸 이야기를 글로 표현할 수 있고, 맞춤법과 문장구조를 올바르게 구성하여 쓸 수 있다. **활동 순서** ① 시작 전 학생에게 활동지를 설명한다: 책의 줄거리 중 달맞이꽃이 생기게 된 과정 설명하기 ② 써야 하는 내용을 교사와 같이 구상한다. ③ 구상한 내용을 교사와 같이 정리하여 쓴다. ④ 잘 쓴 부분과 수정이 필요한 부분에 대해 피드백한다.
읽기 후	㈎ 활동지
	책에서 달맞이꽃이 어떻게 생겨났는지 써 보세요.
	교수 tip ○ 자기의 생각을 말하거나 이야기 짓기를 어려워하는 학생은 줄거리를 설명하는 활동부터 시작한다. ○ 또는 작문 주제를 아동에 맞게 변경하여 사용해도 좋다.

2) 책임 있는 의사결정, 대인관계, 문제해결, 비판적 사고(여우누이)

도서명	여우누이	목표역량	책임 있는 의사 결정, 대인관계, 문제해결, 비판적 사고
활동 목표	\multicolumn{3}{l	}{학생은 책을 읽고 활동에 참여하며 이야기 속 맥락을 파악하고, 발생하는 사건의 순서와 인과 관계를 파악할 수 있다. 또한 불안과 공포 같은 부정적인 감정이 느껴지는 상황에서 적절하게 대처하고 이겨내는 방법들을 유연하게 생각해 볼 수 있다.}
학습 단계	\multicolumn{3}{c	}{교수-학습 내용}

읽기 전	\multicolumn{3}{l	}{활동 목표
		: 제시되는 단어의 의미를 맥락적으로 이해하고, 단어를 넣은 문장을 나의 경험과 연결 지어 쓴다.
		
		활동 순서
		① 활동지에 제시된 단어를 학생과 함께 확인한다.
		② 학생이 의미를 알고 있는 단어가 있는지 확인한다.
		  - 학생이 단어의 의미를 안다면, 단어를 넣은 문장을 쓰도록 함께 상황을 구상한다
		  - 만약 학생이 단어의 의미를 모른다면, 교사가 단어의 의미를 예문으로 설명한다. 또는 책에서 어휘가 나오는 부분을 펼쳐, 전후 상황을 보며 어휘의 의미를 추론해 본다.
		③ 교사와 이야기를 나누는 과정에서 나왔던 여러 상황 중 하나를 학생이 고른다. 구상을 마치면 활동지에 문장을 쓴다.
		
		<div align="center">㈜ 활동지</div>
		<div align="center">[활동지 이미지: 낱말의 뜻을 알아보고, ___(이)라는 문장을 만들어 봐요! / 재주넘다 / 시샘하다 / 수북하다]</div>}

	교수 tip ○ 교사와 학생이 내용을 알맞게 구상하였어도, 그 내용을 문장으로 정리하여 쓰는 것이 어려울 수 있다. 그러한 경우, 구상한 상황에서 가장 핵심 내용을 골라 작성할 수 있도록 한다. 보통 '누가, 무엇을 했다'의 구성이 그에 해당한다. ○ 내용 면에서 부자연스러운 부분이 없다면 형식 면을 확인한다. 학생의 수준에 따라 문장의 길이, 맞춤법, 문장 구성 성분, 주어-서술어 호응 관계 등을 수정 지도한다. ○ 교수 초기에는 오류가 많더라도 반복되고 두드러지는 일부 오류만 목표로 수정 지도한다.
읽기 중	**활동 목표** : 책에서 사건이 발생하는 과정을 순차적으로 파악하고, 벌어진 사건과 그에 따른 결과를 연관 지어 생각하며 문제 해결 방식을 탐색한다. **활동 순서** ① 시작 전 학생에게 활동지를 설명한다: 이야기 순서대로 정리하며 중요한 단어를 책에서 찾아 쓰기 ② 동그라미 안에 작성할 사건이 책에서 끝나는 지점에서 책 읽기를 멈추고 학생에게 정리하도록 한다. ③ 끝까지 작성을 마치면 활동지를 보면서 학생이 줄거리를 말로 설명하도록 한다. ㉮ 활동지 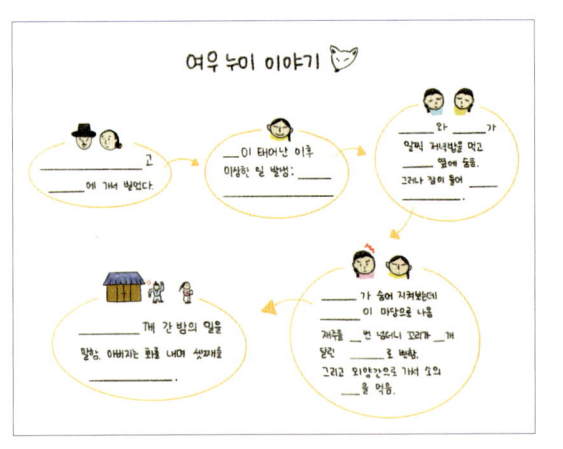

	교수 tip ○ 활동 진행 전, 교사는 책의 내용 중 동그라미 안에 들어갈 내용을 미리 살펴보고 교수 방향을 잡는다. 사전에 학생의 입장에서 활동지를 직접 수행해 보고, 책 읽기를 멈출 부분에 포스트잇을 붙여 표시해 놓거나 학생과 자세히 이야기를 나누고 싶은 중요한 장면 페이지에 별도로 표시해 둔다. ○ 학생이 어떤 단어를 써야 하는지 몰라서 못 쓰는 경우, 교사는 직접적이지만 단계적으로 도움을 준다. 처음에는 해당 내용이 나오는 페이지를 손으로 짚어주고, 도움이 더 필요하면 해당 내용이 나오는 부근을 손으로 짚어주고, 도움이 더 필요하면 해당 내용이 나오는 문장을 손으로 짚어준다. ○ 활동지를 마치고 동그라미 사건들을 가위로 오려 이야기 순서를 섞은 뒤, 학생에게 사건이 발생한 순서대로 맞춰보게 해도 좋다.
읽기 후	활동 목표 : 자기가 지어낸 이야기를 글로 표현할 수 있고, 맞춤법과 문장구조를 올바르게 구성하여 쓸 수 있다. 활동 순서 ① 시작 전 학생에게 활동지를 설명한다: 아래 3가지 상황 중 하나를 골라 상황 바꾸기 ② 써야 하는 내용을 교사와 같이 구상한다. ③ 구상한 내용을 교사와 같이 정리하여 쓴다. ④ 잘 쓴 부분과 수정이 필요한 부분에 대해 피드백한다.
	㉕ 활동지 

> **교수 tip**
> ○ 학생이 자기의 생각을 바로 말하기 어려워하면, 작문 주제와 관련된 다양한 방향의 질문을 통해 쓸 수 있는 내용을 이끌어 낸다. 교사는 어떤 내용으로 바꾸고 싶은지 모델링하며 먼저 말해준다.
> ○ 또는 작문 주제를 아동에 맞게 변경하여 사용해도 좋다.

3) 사회적 인식, 대인관계, 지식습득, 비판적 사고(핑크 셔츠 데이)

도서명	그래서 이런 날이 생겼대요 '핑크 셔츠 데이'	목표역량	사회적 인식, 대인 관계 지식습득, 비판적 사고
활동 목표	유래담을 읽고 역사적 지식과 상식을 넓히고 과제에서 요구하는 중요한 정보를 찾을 수 있다. 글에서 중요한 내용과 배경적 내용을 구분하여 핵심 내용을 변별한다. 사실 질문(무슨 일이 일어났는지)을 통해 글의 기초 내용을 정확하게 파악하도록 돕고, 의미 질문(어떤 의미가 있는지)을 통해 단순한 사실 파악을 넘어 사건에 대한 해석과 의미 구성까지 시도해 볼 수 있도록 한다.			
학습 단계	교수-학습 내용		

읽기 전	활동 목표
	: 제시되는 단어의 의미를 맥락적으로 이해하고, 단어를 넣은 문장을 나의 경험과 연결 지어 쓴다.
	
	활동 순서
	① 활동지에 제시된 단어를 학생과 함께 확인한다.
	② 학생이 의미를 알고 있는 단어가 있는지 확인한다.
	  - 학생이 단어의 의미를 안다면, 단어를 넣은 문장을 쓰도록 함께 상황을 구상한다.
	  - 만약 학생이 단어의 의미를 모른다면, 교사가 단어의 의미를 예문으로 설명한다. 또는 책에서 단어가 나오는 부분을 펼쳐, 전후 상황을 보며 어휘의 의미를 추론해 본다.
	③ 교사와 이야기를 나누는 과정에서 나왔던 여러 상황 중 하나를 학생이 고른다. 구상을 마치면 활동지에 문장을 쓴다.		

	\<예\> 활동지	
	낱말의 뜻을 알아보고 \<예\>만의 문장을 만들어 봐요! 존중 _____ 머리를 맞대다 _____ 풀이 죽다 _____	
	교수 tip ○ 교사와 학생이 내용을 알맞게 구상하였어도, 그 내용을 문장으로 정리하여 쓰는 것이 어려울 수 있다. 그러한 경우, 구상한 상황에서 가장 핵심 내용을 골라 작성할 수 있도록 한다. 보통 '누가, 무엇을 했다'의 구성이 그에 해당한다. ○ 내용 면에서 부자연스러운 부분이 없다면 형식 면을 확인한다. 학생의 수준에 따라 문장의 길이, 맞춤법, 문장 구성 성분, 주어-서술어 호응 관계 등을 수정 지도한다. ○ 교수 초기에는 오류가 많더라도 반복되고 두드러지는 일부 오류만 목표로 수정 지도한다.	
읽기 중	**활동 목표** : 글에 제시된 기초적인 핵심 내용을 정확히 파악하여 자기만의 문장으로 재구성하고, 파악한 정보를 통해 사건을 해석하거나 의미를 구성해 볼 수 있다. **활동 순서** ① 시작 전 학생에게 활동지를 설명한다: '언제, 무슨 일이 일어났는지?', '왜 이날이 중요한지?' 두 가지 측면으로 나눠 내용 채우기. (이때, '언제, 무슨 일이 일어났는지?'는 두 번 정리할 것임을 알려준다. 한 번은 핑크 셔츠 데이가 생긴 날에 대해 정리하고, 한 번은 핑크 셔츠 데이가 무엇을 하는 날인지에 대해 정리한다.) ② 글을 읽다가 '언제'에 해당하는 내용이 나오면 활동지에 써야 할 부분임을 알려주고, 지문에 표시해 놓을 수 있도록 한다. (예. 색연필로 밑줄 긋기 혹은 동그라미 하기) ③ 같은 방식으로 '무슨 일이 일어났다'는 내용에도 표시하며 읽는다. (이 내용은 하나의 단어가 아닌 여러 개의 단어 조합으로 요약하는 것이 필요하다. 따라서 중요해 보이는 여러 개의 단어에 표시하며 읽고, 이후 활동지에 작성할 때 통합할 수 있도록 한다.) ④ 글을 다 읽고, 표시해 둔 단어를 활동지에 옮겨 쓰며 내용을 정리한다.	

⟨예⟩ 활동지

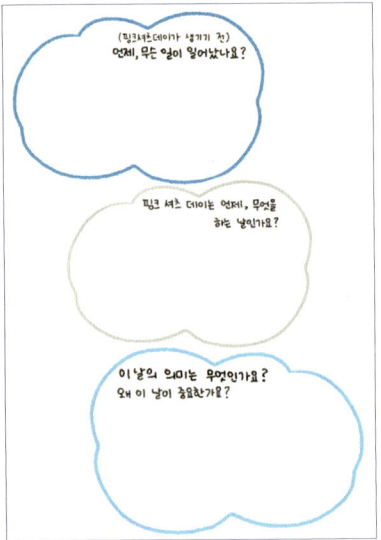

교수 tip
- 활동 진행 전, 교사는 사실 질문(무슨 일이 일어났는지?)에 대한 답과 의미 질문(어떤 의미가 있는지?)에 대한 답을 글에서 찾아 미리 작성해 본다.
- '무슨 일이 일어났는지?' 내용을 작성할 때, 글에서 충분히 설명되지 않은 배경정보 때문에 해당 사건이 '왜' 일어났는지 학생이 이해하기 어려워하면 그에 대해 추가적으로 설명해 준다.
- '어떤 의미가 있는지?' 내용을 작성할 때, 왜 이날이 중요하다고 생각하는지 학생의 해석이나 생각을 먼저 물어보고 답하기 어려워하면 글의 후반부에서 찾아 쓸 수 있도록 지도한다.
- 쓰기 전에 말로 내용을 정리한 후, 글로 쓰도록 하는 것이 효과적이다. 말로 정리할 때, 교사가 가이드하면서 잘 요약할 수 있도록 지도한다.
- 학생이 쓴 문장에 중요한 내용이 다 포함되어 있는지 확인하고, 중요한 내용이 생략되어 있거나 책의 내용을 너무 그대로 쓴 경우는 수정하여 쓰도록 지도한다.
- 문장을 어디부터 어디까지 써야 할지 몰라서 학생이 못 쓰는 경우, 교사는 시작과 끝을 정해주는 등 해당 내용을 요약하여 쓸 수 있도록 도움을 준다.

읽기 후	**활동 목표** : 자기의 생각, 의견 등을 글로 표현할 수 있고, 맞춤법과 문장 구조를 올바르게 구성하여 쓸 수 있다. **활동 순서** ① 시작 전 학생에게 활동지를 설명한다: 주장하는 글 쓰기 ② 써야 하는 내용을 교사와 같이 구상한다. ③ 구상한 내용을 교사와 같이 정리하여 쓴다. ④ 잘 쓴 부분과 수정이 필요한 부분에 대해 피드백한다.
	㈜ 활동지
	나는 _____이(가) 왜 중요하다고 생각하나요? 이 날의 의미가 무엇일까요? _____ _____ _____ _____ 그래서 나는 _____라고 생각한다.
	교수 tip ○ 시작 부분에서 자기의 생각을 먼저 명확하게 말하고(예. 나는 핑크 셔츠 데이가 중요하다고/중요하지 않다고 생각한다.), 가운데 부분에서 사실적인 내용과 함께 근거를 들며(예. 왜냐하면 …하기 때문이다. 핑크 셔츠 데이는 …하는 날이다. 그리고…). 마지막 부분에서 자기의 생각을 다시 한번 요약하며 정리하는(예. 그래서 나는 …라고 생각한다.) 순서로 쓸 수 있게 지도한다. ○ 활동 진행 전, 교사는 해당 학생에게 적절한 가이드 범위를 고민하고, 학생 수준에 맞게 교사가 개입하는 정도를 조절하며 작문을 돕는다.

3

경계선 지능 아동 지원 사례

저자들이 속해 있는 기관에 경계선 지능으로 의뢰된 학생들의 지도 사례를 담았습니다. 아동들의 변화와 성장에 초점을 두고, 계기가 되었던 사례를 소개했습니다. 아동의 이름은 모두 가명을 사용했습니다.

1. 무거운 정서를 걷어내야 비로소 생각이 보입니다

지영이를 처음 만난 것은 초겨울, 지영이가 4학년 때입니다. 3학년 때 한글해득이 되지 않아, 센터 내 다른 선생님에게 한글 파닉스 수업을 받았으며 한글 해득 이후 딥리딩 클리닉 수업을 시작한 시기였습니다. 지영이는 앞머리가 눈을 가릴 정도로 길어 눈이 보이지 않았고, 얼굴은 무표정해 감정을 읽기 어려웠습니다. 간단한 질문에도 무미건조하게 '예' 또는 '아니오'로만 대답해 조금 더 대화를 시도하려고 "점심 뭐 먹었어?"라고 물어도 "그걸 내가 왜 말해야 하죠?"라며 퉁명스러운 대답이 돌아와, 이 아이와 마음을 열고 수업할 수 있을지 걱정이 앞섰던 기억이 납니다.

지영이가 다니는 학교는 경기도 외곽의 작은 분교였습니다. 같은 학년은 오직 세 명, 지영이를 제외한 두 명은 남학생이었습니다. 1학년 때 잠시 함께 했던 여학생들이 전학을 가면서, 지영이는 늘 남학생들과 지내야 했습니다. 이로 인해 또래 여학생들처럼 관심사나 취향을 공유하며 관계를 형성할 기회를 놓친 것으로 보였습니다. 지영이는 또래 여학생들이 관심 가지는 대부분의 것에 흥미가 없어 대화를 시작하기 어려웠습니다. 수업 내용을 고민하기에 앞서 '지영이의 관심사는 무엇일까?'를 고민하는 것이 학습 초반 저의 큰 과제 중 하나였습니다. 먹는 것에 관심이 있는 듯했으나 그 관심도 '무엇이 맛있다' 정도로 그쳐 왜 좋은지 어떤 맛을 좋아하는지 등 깊이 있는 대화로 이어지지 않아 지영이의 생각이나 감정을 이해하는 데 어려움이 많았습니다.

지영이는 수업 중 읽어야 할 지문이 길거나 글로 써야 할 분량을 정해주면 비합리적인 논리로 우기거나 회피하는 모습을 보였습니다. 예를 들어, 교사가 먼 길 고생하며 왔으니, 수업에 집중하자고 하면 엄마가 운전했고 자신은 차에서 게임을 하면서 와서 고생 안

했으니 집중 안 해도 된다고 말하거나 편하게 왔으니 컨디션 좋겠다고 하면 게임을 하는 것도 머리를 많이 써야 하는 거라며 집중이 어렵다고 말하니 답답한 마음이 들었습니다. 또한 글을 읽어보자고 하면, 관심 없는 내용을 왜 읽어야 하냐면서 읽기를 거부하는 모습을 보였습니다. 지영이는 어휘 과제에서 주어진 단어를 일상생활 경험에 적용하여 문장을 만들기 어려워했고, 교사의 도움으로 경험을 떠올려 말로 정리를 해도 금방 내용을 자주 잊어버려 2~3어절의 짧은 문장을 쓸 수 있었습니다. 예를 들어, '푸짐하다'라는 단어를 다루며 '어제 생일이어서 내가 좋아하는 초밥을 푸짐하게 먹었다'라고 말로 정리하고도 쓰는 과정에서는 '초밥을 먹었다'라는 말만 기억해 교사가 '누가, 언제, 왜' 등의 기억할 수 있는 단서를 주어야만 문장 완성이 가능했습니다.

대기실에서 동생과 소통하는 모습을 보면, 학년이나 나이에 비해 매우 미숙해 보였습니다. 교사가 화장실을 가려고 대기실로 나오면 맥락 없이 갑작스럽게 "나한테 이제 라면 좀 끓여 달라고 하지 마.", "게임 하자고 좀 하지 마."라며 동생에게 앞뒤 설명 없이 불쑥 말한다거나, 5학년임에도 대기실에 놓여 있는 사탕을 동생과 경쟁하며 서로 뺏는 모습 등을 보이며 교사의 관심을 끌고 싶어 하는 것 같았습니다. 지영이의 모습을 보면서 이제 교사에게 자신의 이야기를 하고 싶은 만큼 친밀감을 느끼고 있고, 관계에 대한 욕구를 보이기 시작했다고 판단했습니다.

지영이는 표현이 적절하거나 논리적이지는 않지만 자기 의사를 분명히 표현하며, 수업에 관심이 없는 듯하고 부정적이지만 정해진 활동을 끝까지 수행하고, 수업에 빠지지 않고 성실히 온다는 강점을 가지고 있었습니다. 하지만, 자기 생각이나 감정을 인식하고 적절하게 표현한 경험이 부족해 사회적 상황에서 미성숙하게 대처하고 관계를 맺거나 유지하는 것이 어려워 보였습니다. 그래서 자기 생각이나 감정을 이해하고, 타인의 관점에서 사건을 바라보는 시간을 통해 타인의 생각이나 감정을 이해하는 것을 우선 목표를 정했습니다.

'삐약이 엄마'라는 책으로 수업했을 때의 일입니다. 이 책은 동네의 악명 높은 고양이 니양이가 어느 날 닭장에서 계란을 훔쳐 먹었는데, 그 알이 뱃속에서 부화하여 병아리를 낳게 되면서 벌어지는 이야기입니다. 지영이는 "말도 안 돼. 계란이 고양이 뱃속에서 어떻게 부화해요?"라며 현실성 없는 설정에 대해 투덜거렸습니다. 하지만 불만을 표현하면서도 활동지 과제는 성실히 수행하는 모습을 보였고, 이런 지영이의 모습이 귀엽게 느껴지기도 했습니다. 수업에서는 니양이가 삐약이를 만나 변화하는 과정을 자세히 살펴보며, 니양이의 변화 근거를 책에서 찾아보는 활동을 진행했습니다. 또한 왜 니양이가 변했는지에 대한 이유를 탐색하며 깊이 있는 이야기를 나누었습니다.

지영이는 평소 자신의 감정을 솔직하게 표현하는 데 어려움을 겪고 있었습니다. 이를 고려하여 주인공 니양이에게 감정을 이입하여 표현하도록 지도했고, 니양이의 입장에서 변화의 이유를 찾아 설명하도록 했습니다. 이러한 감정 이입 활동을 통해, 지영이는 자신이 느끼는 감정을 주인공 니양이에 투영하며 자연스럽게 마음을 열기 시작했습니다. 활동을 수행하면서 지영이는 "니양이가 삐약이를 봤을 때 처음에는 당황했지만, 자신을 엄마처럼 쫓아다니는 삐약이를 보면서 점점 책임감을 느끼고 엄마처럼 보호하려 했을 것 같아요."라며 깊은 공감을 표현했습니다. 이 과정에서 지영이는 자신의 경험을 떠올리며 "동생은 진짜 귀찮지만, 누나니까 해준다."며 가족 관계와 책임감, 돌봄을 이해했습니다. 그리고, 니양이가 삐약이를 사랑하고 책임감으로 돌보듯 지영이도 부모님이 없는 시간에 동생을 돌봐야 한다는 책임감을 받아들일 수 있게 되었습니다. 남매 사이에 돌봄이라는 의미 속에 숨긴 사랑을 표현하기는 아직 어려웠지만, 상상 속 이야기를 매개로 자신의 감정을 탐색하고 타인의 입장에서 생각하는 법을 배울 수 있는 기회가 되었습니다.

약 3개월 정도(주 1회) 수업이 이어졌을 때 지영이가 성장하고 있음이 드러나는 일이 있었습니다. 지영이는 책을 읽고 이어질 내용을 상상해서 쓰는 활동에서 항상 자극적이고 비극적인 내용을 주로 썼습니다. '팥죽할머니와 호랑이' 이야기를 읽고 강에 떨어진 호랑이가 그 후 어떻게 되었을지 상상하여 써 보자는 활동에서도 역시나 '호랑이는 강에 떨어져 죽었다. 그리고 죽어서 귀신이 되어 자기를 죽인 자라, 물찌똥, 밤송이, 지게, 멍석 들을 차례로 찾아가 복수를 했다. 그리고 할머니도 잡아먹었다'라고 썼습니다. 글에는 차마 옮기지 못한 잔인한 표현들을 보며, 지영이가 이렇게 잔인하고 비극적인 내용으로 표현하는 것에 이유가 있다는 생각이 들었습니다. 아직 그 이유를 알지 못했기에, 우선은 지영이가 쓴 글을 그대로 인정해 주었습니다. "지영이는 새드 엔딩을 주로 쓰는 작가인 것 같아. 그런 장르를 좋아하는 사람도 많지. 네가 그린 그림이나 이야기 결말도 잔인하긴 하지만 흥미진진하기도 해."라고 말했습니다. 이 말에 지영이는 처음으로 "새드 엔딩이 뭐예요?"라고 질문했고, 우리는 함께 네이버에서 '새드 엔딩'을 찾아보았습니다. 지영이는 새드 엔딩의 뜻을 알고 처음으로 웃었습니다. 그리고 그 뜻이 마음에 들었는지, 이후 결말을 더 잔인하고 비극적으로 쓸 방법을 고민하기 시작했습니다. 의도했던 방향과는 꽤 달랐지만, 지영이가 처음으로 적극적인 학습 태도를 보인 것이어서 긍정적인 신호로 판단하고 한동안 지켜보았습니다. 어쩌면 이것이 지영이가 자신을 그대로 인정받은 첫 경험이지 않을까 생각되어, 제재하지 않고 스토리를 지영이가 생각한 대로 쓰게 하면서 사건의 배경과 사건의 전개, 결말의 순서를 기억하며 작문하거나 육하원칙, 원인과 결과, 주장과 근거에 맞게 문장을 구성하도록 지도했습니다. 또한 글을 쓴 후 함께 읽어보며, 지영이가 전달하고자 하는 내용을 독자가 잘 이해할 수 있도록 독자의 관점에서 이해되지 않는 부분을 질문하면서, 지영이가 스스로 내용을 추가하거나 수정할 수 있도록 도왔습니다. 수정 후 꽤 잘 써진 글을 보며 무척 흡족해하는 모습도 보였습니다. 이후 작문 과제를 회피하지 않고 적극적으로 스토리를 구상하고 잘 표현하기 위해 노력했지만, 여전히 자극적이고 잔인한 이야기였습니다.

'보리가 싹트기 위해서는 씨앗이 죽지 않으면 안 된다'라는 책으로 수업할 때였습니다. 이 책에서는 죽음의 여신이 주인공 엄마를 찾아가려다 우연히 주인공과 만나고, 엄마의 죽음을 받아들이기 어려웠던 주인공이 엄마를 구하기 위해 죽음의 여신을 가둡니다. 그런데 죽음이 사라지고 나니, 삶이 이전과 달라지면서 결국 주인공은 죽음도 삶의 일부임을 받아들이게 되는 과정을 그린 이야기책입니다. 저는 오래 키우던 강아지가 죽은 일, 그리고 강아지를 잃은 슬픔을 이야기하며 지영이에게도 그런 경험이 있는지 물었습니다. 당연히 없을 것이라 예상했는데, 지영이에게 뜻밖에 이야기를 들을 수 있었습니다. 지영이는 일주일에 한 번 할아버지 댁에 가는데, 그곳에 있는 강아지가 너무 예뻐서 갈 때마다 함께 시간을 보냈다고 합니다. 그런데 어느 날 아빠가 차를 운전하다가 강아지를 치게 되었고, 강아지는 그 자리에서 죽고 말았습니다. 하지만 가족 모두 그 사건에 대해 별다른 반응 없이 지나갔다고 합니다. 지영이도 그 당시에는 자신의 감정을 모른 채 그럭저럭 아무렇지 않은 듯 지나간 것 같았습니다.

지영이에게 강아지의 죽음에 대해 어떻게 생각하는지 물어보았는데, 처음에는 강아지랑 별로 친하지 않아서 아무렇지도 않다고 했습니다. 하지만, 교사가 강아지에 대해 묻자 강아지의 생김새를 말하면서 자신을 보고 꼬리 흔드는 강아지가 귀여워서 잘 해주고 싶었는데 제대로 표현해 주지 못해 아쉬운 마음, 강아지가 죽었을 때 흘렸던 피를 보고 두려웠던 마음, 강아지 장례식장이 있다는 것을 듣고 들었던 미안한 마음 등 지나간 사건에서 해결하지 못한 많은 감정들에 대해 이야기를 나누었습니다. 자신도 미처 몰랐던, 그래서 표현하지 못했던 마음들을 알아보고 드러낼 수 있는 기회가 되었습니다.

지영이는 사실 강아지가 죽은 이후 할아버지 댁에 온 새 강아지를 의도적으로 멀리하고 있었습니다. 아마, 강아지의 죽음 이후 새로운 관계를 맺는 것에 대한 두려움이 있지 않았을까 하는 생각이 들었습니다. 지영이는 지금 강아지도 귀엽기는 하지만 핥을 때 손에 침에 묻는 게 싫고, 덩치가 커서 다가오면 털이 묻을까 봐 물러서게 된다며 싫은 것은 아닌데 어떻게 해줘야 할지 모르겠다는 말을 했습니다. 강아지 침이 묻는 게 싫지만 만지고 싶을 때 어떻게 하면 될지, 산책시키기 등과 같이 강아지와 친밀한 관계를 맺을 수 있는 방법들에 대해 이야기를 나누었습니다. 이후 지영이는 직접 강이지에게 이름을 붙여주고 산책도 시켜주게 되었습니다. 또, 용돈을 모아 간식을 사다 주고 예전에는 강아지의 침과 털 때문에 가까이 다가가기 싫었는데 이제는 안아주기도 한다는 이야기도 했습니다.

더 놀라운 것은 지영이가 할아버지께 부탁드려 강아지 집도 지었다는 것이었습니다. 강아지 집을 짓자고 했을 때 할아버지는 무슨 개집을 짓는데 돈을 들이느냐고 했지만, 지영이가 할아버지를 지속적으로 설득해 결국 집을 짓게 됐다고 합니다. 예전처럼 후회하지 않기 위해 능동적으로 강아지를 잘 돌보기로 한 것입니다. 지영이는 죽은 강아지에게 가졌던 죄책감을 털고 새로운 강아지와 긍정적인 관계를 맺기 시작했습니다. 이 무렵 수업에서도 많은 변화가 일어났습니다. 교사가 오류를 수정하도록 하면 "앗, 그러네."하며 수용하였습니다. 교사가 제안하면 이야기의 결말을 새드 엔딩에서 해피 엔딩으로, 과격한 표현도 부드러운 표현으로 바꿔서 글을 썼습니다. 절대 자르지 않겠다던 앞머리도 자르고, 친구를 사귀고 싶다는 마음도 털어놓으며, 친구 사귀는 방법에 관해 많은 대화를 나누고 실제로 시도해 보기도 했습니다. 생활전반에서 새로운 시도를 능동적으로 하게 된 것입니다.

중학교에 입학한 지영이는 친구들에게 먼저 다가가 간식을 나누거나 그림을 그려 주며 관심을 받는 등 적극적으로 또래 관계를 맺었습니다. 3월 14일 화이트데이에는 초콜릿 두 개를 일회용 비닐봉지에 담아 무심한 듯 제게 밀어주었습니다. 비록 비닐봉지에 담은 초콜릿이었지만, 지영이에게 처음 받은 선물이었기에 진심으로 감동스러웠습니다. 저의 마음을 지영이에게 그대로 전했고, 지영이는 머쓱해하며 자신의 용돈으로 직접 샀다고 말했습니다. 이전의 지영이는 엄마가 선생님 드리라고 사준 음료수마저 본인이 먹고 싶다며 뺏어 먹던 아이였는데, 용돈을 모아 선물을 준비한 정성이 정말 고마웠습니다. 하지만 비닐봉지에 아무렇게나 담은 초콜릿은 지영이의 마음을 다 표현하지 못하는 것이기에 선물하는 방법을 다루어줄 필요가 있다고 생각했습니다.

저는 지영이에게 왜 초콜릿을 선물하고 싶었는지, 고를 때 어떤 마음이었는지, 주면서 어떤 반응을 기대했는지 물었습니다. 선물을 준비하며 지영이는 "이거 한 박스에 2만 원이나 하는 거예요. 내가 좋아하는 건데 비싸서 잘 안 사요. 친구들이랑 선생님한테 나눠 주면 좋겠다고 생각해서 거금 들여 산 거예요. 진짜 맛있어요. 먹어 보세요."라며 서툴게 진심을 전했습니다. 저는 지영이에게 고마움을 충분히 표하며, 초콜릿을 받았을 때 감정을 솔직히 이야기했습니다. 먼저 지영이가 처음으로 누군가에게 선물(나눔)을 준 것에 대한 감격과 감동을 전했습니다. 더구나 자기 용돈을 모아 선생님에게 좋은 것을 주고자 애쓴 그 마음이 선생님 마음에도 닿아 따뜻했다고 감정을 전했습니다. 더불어 비닐봉지에 담긴 무엇인가를 쑥 내밀었을 때 솔직한 감정도 이야기했습니다. 그것이 선물이라고 생각하지 못한 이유들을 말했습니다. 실용적인 지영이와 달리 예의와 형식을 갖추는 것이 존중이라고 생각하는 사람들도 있음을 말하고, 만일 선물을 받는다면 비닐에 넣은 비싼 초콜릿과 조금 가격이 저렴하더라도 성의 있게 포장한 선물 중 무엇을 갖고 싶은지 물었습니다. 지영이는 자신이 가져온 구겨진 비닐봉지를 다시 쳐다보고, 보기에도 좋은 선물이 좋을 것 같다고 대답했습니다. 지영이의 강점은 자신이 이해하면 불필요한 오해를 하지 않고 자신의 생각이나 관점을 바꾸는 것이었습니다. 다행히 지영이는 저의 설명을 잘 이해했고, 다음엔 포장도 신경 써 보겠다고 했습니다. 선물을 사 온 성의만으로도 대단한데 굳이 포장까지 말할 필요가 있나 하는 생각도 잠시 했지만, 지영이가 살아가는데 불필요한 오해로 상처받는 것보다 제대로 정확하게 알려주어 잘 대처할 수 있도록 하는 것이 훨씬 더 중요하다는 생각을 했습니다.

돌아보면, 지영이에게 가장 필요했던 것은 진솔한 소통의 기회였던 것 같습니다. 혼자 처리하지 못하는 감정과 상황을 누군가와 나눈 경험이 없으니 상대방에게 내어 줄 관심도 없었던 게 아닐까 생각합니다. 책을 소재로 다양한 주제에 대해 다루지 않았다면, 아마도 지영이와 진솔한 소통을 하는 데 더 많은 시간이 걸렸을 것입니다. 서로 다른 곳을 보며 의미없는 소통을 하고 있었을 수도 있습니다. 책 속의 상황에 자신의 감정을 실어 방어기제 없이 자유롭게 표현하며 혼자 처리하기 어려웠던 감정을 덜어내고 새로운 관계와 유연한 사고가 주는 긍정적 경험을 할 수 있게 되었습니다.

2. 아이가 그런 행동을 할 때는 항상 그럴 이유가 있습니다

초등학교 5학년 여름에 서진이를 처음 만났습니다. 5학년이었지만, 아직 한글을 해득하지 못해 한글 파닉스 수업부터 진행하였습니다. 하지만, 수업에 집중하는 것이 어려웠고 학습된 무기력으로 한글 해득에도 오랜 시간이 걸렸습니다. 서진이를 처음 담당한 선생님은 아이가 산만하고 수업 시간을 잘 지키지 않는다고 말씀하셨습니다. 친구들과 놀다가 수업을 깜빡하거나, 하교 후 집에서 잠들어 시간을 놓치기도 하였고, 버스를 잘못 타거나 놓쳐서 늦는 일이 반복되었습니다. 서진이의 지각 이유를 들어 보면 집에서 자다가 혹은 친구와 놀다가 늦게 버스를 타는 경우가 많았습니다.

저와 수업하는 동안에도 지각하는 일이 잦았습니다. 수업 시간이 지나 전화를 걸면 다양한 이유를 들어 변명했고 지각하게 된 사정을 당연히 이해받을 것으로 생각하는 듯했습니다. 숨을 헐떡거리며 수업에 들어와서는 한참 동안 숨을 고르거나 음료수나 간식 등을 요구하며 10여 분간 시간을 보내고 나서야 수업을 시작할 수 있었습니다. 수업을 시작해서도 40어절 정도 읽고 나면 머리가 아프다며 쉬고 싶다고 말했습니다. ADHD 관련 약물을 복용 중임을 고려하더라도 자기관리가 매우 부족했고, 문제에 대처하는 방식도 미성숙하였습니다.

어느 날 수업 시간이 지나 전화를 걸었더니 버스 정류장인데 버스가 오지 않아 조금 늦을 것 같다고 하였습니다. 하지만 40분이 지나서야 센터에 도착했고, 서진이 자신도 너무 늦었다는 것을 아는지 약간 겁먹은 듯 보였습니다. 하지만 이내 큰소리로 늦은 이유를 설명하려 했습니다. 비록 이해하기 어려운 이유였지만 저는 서진이에게 시원한 음료수를 건네며 잠시 쉬도록 했습니다. 자주 지각을 했지만 수업이 끝나기 10분 전에 도착한 것은 흔한 일이 아니었기에 서진이도 당황했을 것으로 생각했습니다. 저는 침착하게 왜 늦었는지 다시 물었고, 서진이는 장황하게 설명하기 시작했습니다. 정리해 보니, 학교 수업 후 친구와 PC방에 갔다가 5시 수업 시간을 맞추기 위해 4시 40분에 버스 정류장으로 갔다고 합니다. 그런데 버스가 20분 동안 오지 않아 기다리다가 걸어서 왔다는 그런 이야기였습니다.

저는 차분한 목소리로 PC방에서 센터까지 버스로 몇 분이 걸리는지, 그 버스가 원래 자주 안 오는 버스인지, 또한 오늘 수업이 있는데 PC방은 다른 날 갈 수 없었는지 차근차근 물었습니다. 이에 서진이는 PC방에서 센터까지 20분 정도 걸려 그 시간을 맞춰 떠났고, 친구가 지난번에 게임비를 냈기 때문에 오늘은 자신이 게임비를 내야 하는 순서여서 미루기가 어려웠다고 했습니다. 또 친구 학원 스케줄 때문에 오늘 밖에 시간이 맞는 날이 없었다고 했습니다. 친구가 한번 게임비를 내고 자기가 낼 순서인데 날짜를 바꾸기 난처했다는 말, 친구와 시간이 맞는 날이 오늘 밖에 없다는 말에 상황이 이해가 갔고, 나름대로 학원에 올 시간을 계산해 30분 전에 게임방에서 나왔다는 것도 기특했습니다. 만약 서진이 계획대로 잘 진행됐다면 오늘 지각하지 않았을 수 있었겠지만, 문제는 그런 일들이 너무 자주 일어난다는 것입니다. 변수는 늘 있고, 그런 부분에 대해 대비해야 하는데 아직 서진이에게는 쉽지 않은 부분이었습니다. 그러다 보니 서진이는 나름 노력했음에도 결과가 안 좋게 나오는 경우가 많았을 것이고 억울함을 느낄 수 있다는 생각이 들었습니다.

그래서 서진이와 오늘 일정을 시간순으로 정리하고, 잘한 행동과 잘못한 행동을 구분하여 평가해 보았습니다. 친구와 약속 날짜를 합의하고 약속을 지킨 부분, 센터에 오기 위해 시간을 계산해서 pc방에서 나온 것 등은 잘했다고 인정해 주었습니다. 그리고 앞으로 비슷한 상황이 있을 때 센터에 오는 시간과 버스를 기다리는 시간 이외에 버스가 늦게 올 것을 대비해 여유시간을 갖고 출발할 것과 변수가 생겼을 때 미리 센터에 연락해 어떻게 해야 할지 의논하는 것 등을 합의하였습니다. 교사가 다음 수업이 있으면 수업을 할 수 없으니 이후 대처에 대해 고려해야 하는 부분 등 교사의 입장에 대해 이야기하고, 지금껏 나눈 내용들을 글로 정리하도록 했습니다. 방과 후 친구와 게임방에 가게 된 배경부터 시간 순서에 따라 차례로 기록할 수 있도록 중간중간 가이드를 주었습니다. 서진이는 평소 자신은 공부도 못하고 기억력도 없다며 간단한 작문조차 어려워했으나, 이날은 그날 일어난 사건을 시간순으로 잘 기억하고, 잘한 행동과 잘못한 행동, 앞으로 계획까지 이제껏 보지 못한 성의 있는 글씨체로 A4 용지 가득 썼습니다. 글을 다 쓴 후, 서진이는 자신의 글을 보고 놀란 듯 보였습니다. 지각 사건은 사건을 중심으로 상황을 맥락적으로 연결(배경, 사건, 결말)하여 결과를 객관적으로 조망하고 문제해결의 다양한 방법을 생각해 보는 좋은 경험이 되었습니다. 지각 사건을 계기로 서진이는 수업에 조금 더 능동적으로 참여하며, 직접 수업 시간을 확인하는 전화를 하기도 하였습니다. 또한 20~30분 일찍 와서 교실에 숨어 있다 교사를 놀라게 하거나, 읽기와 쓰기 활동을 성공적으로 수행하면 "이게 접니다."라며 자신을 긍정적으로 바라보기 시작했습니다.

서진이의 지각 사건과 연결하여 '왕재수 없는 날'이라는 책을 골랐습니다. 왕재수 없는 날은 도널드의 실수투성이 하루를 다룹니다. 수업 시간에 연필을 떨어뜨린 걸 시작으로 부모님 사인을 위조했다가 맞춤법이 틀려 망신을 당하고, 배가 고파 몰래 먹은 도시락이 친구의 것이었고, 읽기 시간에 글을 잘못 읽어 창피를 당하고, 물 마시려다 친구의 치마를 젖게 하고, 야구 시합에서 공을 놓치고, 선생님이 아끼는 화분까지 깨뜨리게 되는 정말 재수 없는 사건들이 도미노처럼 일어납니다. 서진이도 의도하지 않았으나 미성숙한 대처로 항상 곤란한 처지에 놓이게 되고, 좋지 않은 피드백을 받는 일이 많았을 겁니다. 경계선 지능 아이들이 '왕재수 없는 날'을 좋아하는데, 아마도 공감이 가는 상황이 많았기 때문이라 생각합니다.

서진이는 유창성이 유난히 떨어져 쉽게 읽을 수 있는 그림책도 2~3번에 나눠 읽어야 합니다. '왕재수 없는 날' 책을 읽을 때도 이런 서진이의 어려움을 알기에 책 전반부만 읽히려고 중간에 "오늘은 여기까지 읽자."라고 전반부를 내용으로 수행할 수 있는 과제를 주었습니다. 그런데 서진이가 갑자기 화를 냈습니다. "아, 왜 여기서 끊어요! 다음 내용 궁금해 죽겠는데!"라며 끝까지 읽겠다고 했습니다. 그날 처음으로 서진이는 그림책 한 권을 한 회기(50분)에 모두 읽고, 활동 과제도 수월하게 수행했습니다. 서진이는 '왕재수 없는 날'의 주인공 도널드에게 일어난 사건을 원인과 결과로 분석하고,

대체 행동을 생각해 보는 과정을 잘 수행했습니다. 로널드에게 일어난 재수없는 사건들을 객관적인 시각에서 생각해 보고, 로널드가 달리 행동했더라면 어떻게 되었을지 추론해 보는 활동이었습니다. 예를 들어, 로널드가 연필을 쉬는 시간에 주었다면, 혹은 연필 근처에 앉은 친구에게 주워 달라고 했더라면, 연필을 미리 여러 자루 준비했더라면 놀림을 받지 않았을 것이라고 자신이 생각한 대체행동과 그 결과를 글로 정리했습니다. 그리고 서진이가 일상에서 겪을 수 있는 재수 없는 사건에 대해서도 여러 가지 대처 방법을 찾아보고 그 결과를 추론하여 어떤 결정을 내릴지 글로 정리했습니다. 불평없이 책을 다 읽고, 주어진 활동도 적극적으로 참여하면서 잘 수행해 냈습니다. 지금까지와는 다른 모습에 칭찬을 해주었고, 서진이는 처음으로 "이게 접니다."라며 으쓱거렸습니다. 그 모습이 귀여워 웃음이 났지만, 충분히 자랑할 만하다고 격려했습니다.

　서진이는 늘 자신을 동생과 형에 비교하며, 자기는 공부도 못하고 잘하는 게 없고, 학교에서 문제를 많이 일으킨다며 스스로 '공부 못하는 문제아'라고 표현했었기 때문에 '이게 접니다'라는 말이 감동스럽고, 교사로서 보람을 느끼게 한 말이 되었습니다. 서진이 어머니 역시 아동의 변화를 느끼시며 학교에서 문제행동으로 매일 전화가 왔었는데, 수업을 시작한 후 학교에서 전화 오는 일이 눈에 띄게 줄었고, 새로운 것을 시도하려고 하고 자신의 의사를 논리적으로 표현하기 시작했다며 서진이의 변화에 대해 말씀해 주셨습니다. 학교 공부는 제쳐 두더라도 나중에 밥벌이나 제대로 할 수 있을지가 제일 걱정이었는데, '어쩌면 형제 중에 사회생활을 제일 잘 할 수 있겠다'는 기대가 생겼다며 감사의 말씀을 아끼지 않으셨습니다.

경계선 지능 아동들은 자기가 처한 상황이나 자신의 생각을 적절하게 표현하기 어려워 횡설수설하는 것처럼 보일 수 있습니다. 그럴 때 주변 반응은 아마도 '그래서 결론이 뭐야?', '무슨 말을 하고 싶은 거야'가 대부분일 것입니다. 하지만 자신의 상황이나 욕구를 잘 전달하고 싶어도 그렇게 하지 못하는 아이들의 답답한 마음을 알아주어야 합니다. 두서가 없고 장황하여 이해하기 힘들고, 에너지를 많이 들여 열심히 들어야 이해가 되기 때문에 쉽지 않습니다. 하지만, 아이들이 자신의 상황과 생각을 잘 파악하고 표현하는 연습을 하기 위해서는 두서없더라도 안전하게 말할 수 있는 환경이 필요합니다. 그리고 아이들이 표현해 내지 못한 생각이나 감정을 반영해 주어야 합니다. 아동 스스로 내가 생각한 것이 어떤 의도였는지, 어떤 감정이었는지 알아채고 청자를 고려해 내용을 정리할 수 있도록 주제를 기억하게 하고, 사건을 명확히 인지하고 배경과 결말을 순서에 맞게 정리하도록 가이드를 주어야 합니다. 제일 좋은 방법은 아이들의 말을 잘 듣고, 말하고자 했던 바를 파악하여 올바른 표현 방법으로 모델링을 보여주는 것입니다. 누군가 자신의 의도를 알아주고 진솔하게 들어준다면 듣는 사람을 이해시키고자 하는 동기가 생기고, 그러면 더 잘 이해시키기 위해 노력하는 모습을 보실 수 있습니다. 이런 과정을 통해 아동은 점차 자신의 생각과 감정을 논리적으로 표현하고, 사회적 상황에서 능숙하게 대처할 수 있게 됩니다.

3. 믿음과 신뢰를 주면 시도할 용기가 생깁니다

ADHD를 가진 경계선 지능 아동은 또래보다 학습뿐만 아니라 일상생활에서도 좌절을 경험하는 일이 많습니다. 초등학교 4학년 다현이도 그랬습니다. 다현이는 초등학교 1학년 때부터 매일 공부방을 다니고 소규모 독서지도를 받았으나, 여전히 읽기와 쓰기의 어려움이 지속되고 있어 센터에 방문하게 되었습니다. 부모님께서는 학습 문제 외에는 어려움이 없다고 하셨으나, 수업 시간 내내 가만히 앉아 있지 못했고, 목표 활동과 관련 없는 이야기들로 시간을 때우려 하고, 모든 활동에 1분 이상 주의를 집중하기가 어려웠습니다. 수업 중에 다현이 이름을 백 번도 넘게 불러야 했습니다. ADHD일 가능성이 있다고 생각하여 어머니께 말씀 드렸더니, 약물 부작용 때문에 약물 복용을 중단한 상태였습니다. 약물치료가 효과적이나, 약물 복용은 부모가 결정할 문제라고 생각하여 다시 복용을 권유하지는 않았습니다.

지치고 힘든 수업이 이어졌고, 다현이는 개인 사정으로 수업에 빠지는 날이 많았습니다. 한 학기가 거의 끝날 무렵 어머니와 상담을 하였습니다. 어머니는 마스크를 쓰고 계셔서 표정을 읽기 어려웠지만, 매우 긴장한 모습이 역력하셨습니다. 어머니는 떨리는 목소리로 "제가 ADHD라 다현이를 잘 못 키우는 것 같아요. 정신과에 다니며 약도 복용하는 데 규칙적으로 뭘 하는 것이 잘 안돼요."라고 말씀하셨습니다. 아마도 제가 수업을 더 못 하겠다고 말할 것을 예상하신 듯했습니다. 이전에 이런 경험을 자주 하신 듯하여, 어머니의 위축된 모습을 보고 위로해 드리고 싶었습니다. "아하! 어머니 덕분에 우리 다현이 아이디어가 그렇게 반짝반짝하는 것이군요."라고 말을 건넸습니다. 어머니는 당황하며 저를 바라보셨습니다. 저가 "ADHD를 가진 사람은 아이디어가 많고 행동이 빠릅니다. 즉흥적이라 실수도 많지만, 여러 시도를 통해 문제해결도 잘 해내기도 합니다. 어머니께서 다현이에게 많은 노력을 기울이신 것 같습니다."라고 말씀드리니, 눈물을 흘리시며 이런 피드백은 처음 들어 본다고 말씀하셨습니다. 실제로 다현이는 수업 중에 저를 무척 힘들게 했지만, 어디서 그런 아이디어가 나오는지 계속 새로운 이야기를 했으며, 어떨 때는 저도 다현이의 이야기를 듣다 보면 다음 활동을 잊게 될 만큼 몰입하게 되기도 했습니다. 또, 수업 중 주의를 집중하지 못해 저와 갈등이 생기면 잘못된 태도를 금방 바꾸고 활동에 집중하는 모습을 보여 화를 낸 저를 무안하게 만들기도 했습니다. 어머님은 상담이 끝날 때쯤, 앞으로 약도 잘 챙겨 먹이고 수업에 빠지지 않겠다고 약속하셨습니다. 그 후 다현이는 한 번도 수업에 빠지지 않았습니다. 출석은 보호자의 의지가 매우 중요한데, 어머님이 경험하는 양육의 어려움을 공감해 드리고, 행동을 이해할 수 있도록 말씀드리며 가정에서 지원할 부분에 대해 설명드린 것이 힘이 되신 것 같았습니다.

다현이는 난처한 상황에서는 '나는 원래 그래', '괜찮아요, 그럴 수도 있죠'라는 말을 자주 했습니다. 그리고 수업에 오면 '공부방 선생님한테 욕해서 아빠한테 혼났어요', '친구를 때려서 학폭에 걸릴 뻔 했어요' 등 심각한 사건을 무심한 듯 이야기하는 것으로 수업이 시작되었습니다. "왜 그랬어? 이유 없이 그럴 다현이가 아닌데, 뭔가 이유가 있겠지, 그렇지?"하고 물으며, 다현이에게 사건의 전후에 대해 보다 촘촘하게 질문했습니다. 다현이는 열심히 상황을 설명했지만, 장황하고 두서가 없어 항상 단번에 내용을 이해하기는 어려웠습니다. 그럼에도 불구하고 다현이의 이야기를 반복해서 주의 깊게 듣다 보면, 항상 그럴만한 이유가 있기는 했습니다. 선생님에게 욕을 하거나 친구를 때렸다는 사실만 보면 문제 학생으로 생각하기 쉽지만, 선생님에게 욕을 하게 된 배경, 의도적으로 욕을 한 것인지 아니면 나도 모르게 튀어나온 것인지, 그렇게 욕이 튀어나오고 어떻게 대처했는지 등을 듣다 보면 다현이의 인지와 정서적 특성을 고려할 때 충분히 이해가 되었습니다. 중요 순서대로 일을 처리하고, 사건의 앞뒤 맥락을 고려하여 절차에 맞게 문제를 처리하는 경험이 적었을 것입니다.

'늑대가 들려주는 아기돼지 삼형제 이야기'라는 책으로 수업할 때였습니다. 이날도 다현이는 수업에 들어오면서 '친구를 때려서 학폭이 열릴 뻔했다'라는 말을 아무렇지 않게 하면서 들어왔습니다. 상황을 들어보니 친구가 놀리는 말을 했고, 서로 욕을 하게 됐는데 그 친구가 다현이를 때렸지만 잘 피해서 살짝 맞았고, 다현이가 다리로 걷어 찼는데 친구 얼굴에 맞았다고 합니다. 그런데 다음 날 그 친구 엄마가 학교 선생님에게 항의 전화를 해서 학폭이 논의되었지만 다행히 열리지 않았다는 내용이었습니다. 여느 때와 같이 왜 그랬는지, 사건의 앞뒤 맥락을 묻고, 다현이 입장을 듣고, 상대 입장에 대해 그리고 그 사건이 다현이에게 미친 결과 등을 이야기한 후 수업을 시작했습니다. '늑대가 들려주는 아기돼지 삼형제 이야기'는 원작 동화와 달리 늑대가 할머니 생일 케이크를 만들기 위해 이웃에 사는 아기 돼지들에게 설탕을 얻으려 갔다가 우연히 기침을 하게 되어 집이 무너지는 사고가 발생했고, 그로 인해 아기 돼지들이 죽었는데, 늑대가 그들을 죽였다는 오해를 받아 감옥에 갇혀 억울한 상황을 호소하는 이야기입니다. 작문 활동이 '내가 만약 판사라면 늑대에게 어떤 처벌을 내릴까요'라는 주제로 글을 쓰는 것이었는데, 판결문 형태로 만들어 무죄, 징역 ( )년, 혹은 보호감찰, 사회봉사 등의 형량을 정하고 이유를 쓰는 것이었습니다. 다현이는 판사로서 보호감찰 6개월에 사회봉사 6시간의 판결을 내렸고, 늑대는 돼지를 잡아먹는 게 당연하지만 정당한 이유(배고픔) 없이 돼지를 두 마리 먹고도, 셋째 돼지도 먹으려고 했기 때문이라고 판결의 이유를 설명했습니다.

자연스럽게 다현이가 친구를 때린 사건과 관련지어 판결해 보도록 했는데, 다현이는 서로 때렸기 때문에 죄가 없다고 판결했습니다. 충분히 가능한 판결이라고 생각 했지만, 다현이에게 의도하지 않은 행동이 충격적인 결과를 가져올 수 있다는 것을 생각해 볼 수 있는 기회라고 생각해서 좀 더 상황에 대해 이야기를 나누었습니다. 서로 때리긴 했지만 다현이는 다치지 않았고 친구는 얼굴에 멍이 든 부분, 만일 친구가 안경을 쓰는 친구라면 실명할 수 있는 위험한 상황이었음을 이야기 했습니다. 다현이와 여러 상황을 충분히 나눈 후, 다시 판결한다면 똑같은 판결을 할 지 물었습니다. 다현이는 친구가 먼저 욕을 한 것은 잘못이지만, 자신이 얼굴에 멍이 들게 때린 점이 더 큰 잘못인 것 같다고 말했습니다. 친구가 욕을 했으면, 욕하지 말라고 말해야지 같이 욕을 하면 똑같이 나쁘고, 때리면 더 나쁜 것이라고 결론을 내렸습니다.

이후 다현이의 태도는 조금씩 달라졌습니다. "저 오늘 수업 시간에 자서 선생님한테 혼났어요."라고 하기에 "저런 잤다고 혼났다는 거야? 그런 건 좀 봐 주시지."라고 하니, "근데 제가 코를 골며 자고, 깨워도 일어나지 않았대요. 그러니 선생님께서 혼내실 수밖에요."라고 답했습니다. 혼난 상황만 이야기하는 것이 아니라 자신의 행동을 인지하고, 선생님의 반응을 수용한 것이었습니다. 이후 다현이는 "괜찮아요, 그럴 수 있죠."라며 자기 행동을 정당화하는 말이 현저히 줄었으며, 혹시 그 말을 했다가도 곧 "안 괜찮아요. 죄송합니다."라고 말했습니다.

경계선 지능 아동 가운데 ADHD를 동반하는 경우가 많습니다. 이 경우 상황을 조망하는 시각이 좁고 충동적인 행동을 보이기 쉬운데, 이로 인해 여러 문제 상황에 처하게 됩니다. 문제 해결 능력이 부족해 미성숙한 대처를 하게 되고, 그로 인한 부정적 피드백이 반복되면서 학습된 무기력과 낮은 자기 효능감을 갖게 됩니다. 반복되는 행동에는 그 나름의 이유가 있으며, 해결되지 않은 욕구가 숨어 있다고 볼 수 있습니다. 다현이는 혼난 일이 있거나 싸움이 있었던 사실을 담담하게 이야기하지만, 내면에는 혼나기 싫은 마음과 문제를 어떻게 해결해야 할지 몰라 두렵고 혼란스러워하는 마음이 함께 공존하는 상태입니다. 따라서 문제 행동에만 초점을 맞추기보다, 그러한 행동을 유발하는 원인이나 상황을 살펴보고, 어떻게 대처해야 하는지 알려주는 것이 중요합니다. 이런 과정을 통해 아동은 상황이나 맥락을 고려하여 생각하고 행동할 수 있게 되며, 사회적인 상황에서 능숙하게 대응하는 능력을 키울 수 있습니다.

4. 수용 받아야 수용할 수 있습니다

우성이는 초등학교 5학년이고, 전체지능 71로 경계선 지능인데, 자폐 스펙트럼이나 아스퍼거 증후군이 아닐까 하는 병원의 소견도 있었습니다. 또래에 비해 말 배우는 속도가 느렸고 상호작용도 원활하지 않아 놀이치료와 인지치료, 언어치료 등 다양한 지원을 받았습니다. 그럼에도 불구하고, 읽기와 쓰기에서 오류가 많고 사용하는 어휘나 문장이 한정적이며 문장구조를 고려하지 않고 작문하는 등 읽기와 쓰기 전반에 어려움이 있어 전문기관을 찾다가 센터에 오게 되었습니다.

우성이의 첫인상은 조금 독특했습니다. 군대에서 쓰는 말투로

"선생님은 이럴 때 어떻게 하시겠습니까?", "왜 그렇게 할 겁니까?"로 말하고 기계처럼 딱딱하게 말하는 것이 아이답지 않아 조금 우습기도 하고 어쩌다 저런 말투를 쓰게 되었을까 안타깝기도 했습니다. 우성이는 수업 시작할 때 애를 먹이곤 했는데, 목표 활동지를 이리저리 돌려보고 여백에 그림을 그리거나 그날 읽을 책을 훑어보면서 수업을 왜 해야 하냐고 논쟁을 벌이곤 했습니다. 어느 날은 수업을 시작하려고 하자, 활동지 여백에 전화기 번호판을 그리고 선생님이 비밀번호를 맞춰야 수업을 하겠다고 무리한 요구를 했습니다. 말도 안 된다고 하며 무시하고 수업을 시작한다면 수업이 잘 이어지지 않을 것이기에, 어차피 수업 전에 치러야 할 순서라면 진심으로 참여하기로 했습니다. 생각나는 대로 비밀번호 4개 숫자를 말했는데, 당연히 우성이는 모두 틀렸다고 하며 수업을 안 하겠다고 했습니다. 저는 "아쉽지만 내가 졌어."라고 진심으로 안타까움을 표현하며, 공평하게 선생님도 비밀번호 문제를 내겠다고 했습니다. 우성이는 잠시 당황했지만, 공평해야 한다는 말에 수긍하며 비밀번호를 맞추기 위해 집중하기 시작했습니다. 우성이가 졸라서 3번의 기회를 주었지만, 모두 당연히 틀렸습니다. 애초에 답은 문제를 내는 사람이 정하는 것이었으니 아무도 답을 맞힐 수는 없었습니다. 그런데 우성이는 이 시간을 진심으로 즐거워했고, 퀴즈가 끝난 후에는 수업에 매우 협조적으로 응했습니다. 아마도 이런 우성이의 질문이나 대화 방법이 이상하다고 생각해 대부분 상대해 주지 않았을 텐데, 제가 진심으로 함께 해주자 인정받은 느낌이 들었던 것 같습니다.

우성이는 강박적인 행동도 보였는데, 책상을 중심으로 항상 같은 방향으로 돌아 교실문을 열었고, 계단으로만 다녔습니다. 그리고 수업때마다 저에게 어떤 방향으로 책상을 돌아 나갈 건지 묻고, 계단으로 갈지, 엘리베이터를 탈지 등에 대해 질문하며 그 이유까지도 항상 물었습니다. 저는 그 물음에 늘 정성스럽게 답을 했는데, 그것이 우성이가 소통하는 방법이라고 생각했습니다. 그 후에도 우성이는 '왜 이런 문제를 낼까?' 하는 의문이 드는 문제를 가져와 맞춰보라고 하였습니다. 주로 '나는 누구일까요? 1번 지네, 2번 사람', '저는 누구일까요? 1번 청소기, 2번 사람' 등의 질문이었습니다. 그때마다 저는 '3번 김우성', '3번 대답하기 싫음' 등 우성이의 기대에서 벗어나는 답변을 하였습니다. 꼭 상대가 정해놓은 범주 안에서 대답해야 소통하는 것은 아니라는 것을 알려주고 싶었습니다. 우성이는 매번 제 답변에 당황해했고, 자기가 준 선택지 중에서 고르라고 떼를 썼지만, 저는 매번 제 생각대로 답하고 고른 이유를 설명하였습니다. 우성이는 '3번 김우성'이라는 대답을 좋아했는데, 왜 '3번 김우성'이냐고 따지는 듯 물었지만, 목소리에는 기대감이 담겨있었습니다. "우성이니까 우성이지, 네가 벌레는 아니잖아."라고 하면서 만약 벌레라면 벌레라는 걸 증명해 보라고 하면 질문을 멈췄습니다. 저는 우성이가 제안하는 방식으로 진솔한 소통을 하려고 노력했습니다. 수업이 진행되면서 우성이의 소통방식에 익숙해진 것인지 우성이와 원활하게 소통이 되어 간다고 느낄 무렵 어머니께서 상담을 요청하셨습니다. 학교에서 급식 시간에 줄을 서는 일로 친구들과 언쟁이 있었고, 우성이가 소리를 지르고 책상을 발로 차면서 감정이 통제되지 않아 학교에서 어머님께 아이를 데려가 달라는 전화를 받았다고 하셨습니다. 또 쉬는 시간에 같은 반 친구가 홈런볼을 가지고 와서 먹을 사람 있냐고 했고, 우성이가 손을 들었는데 다른 친구에게 주어 또 한바탕 난리가 나 조퇴했다는 말씀을 하시며 학교에서의 부적절한 행동 문제에 대해 고민을 토로하셨습니다.

저는 그런 상황에서 어머님이 어떻게 대처하셨는지 물어보았습니다. 어머님은 예전 상담에서 아이에게 공감해 주라는 피드백을 주로 들었기 때문에 매번 우성이에게 왜 그랬는지 상황을 물어보고 공감해 주었다고 합니다. 특히 홈런볼 때문에 문제가 된 날은 쿠팡에서 홈런볼 한 박스를 사서 아이의 마음을 달래 주었다고도 합니다. 만약 우성이가 홈런볼을 못 먹어서 그렇게 화가 난 것이라면 홈런볼 한 박스는 큰 위로가 되었을 것이지만, 정말 화가 난 이유가 홈런볼이 먹고 싶어서였을까요? 우성이의 마음을 제대로 알아봐 주시지 못한 것이라는 생각이 들었습니다. 우성이의 말을 따라가면서 아이가 느꼈던 감정에 깊이 공감해 주셔야 함을 말씀드렸습니다. 홈런볼을 못 먹어서가 아니라, 선택받지 못했다고 느꼈기 때문에 서러웠던 것임을 알려드렸습니다. 선택받지 못한 경험은 어떤 상황이든 존재를 부정당했다는 서러운 감정을 먼저 불러일으키기 때문입니다.

다음 수업에서 '보이지 않는 아이'라는 책을 통해 우성이와 친구에 대해 얘기를 나누었습니다. 이 책에는 발야구 시간에 자신의 팀으로 데려올 친구를 고르는 장면이 나옵니다. 발야구를 가장 잘하는 학생 두 명이 가위바위보로 순서를 정해 한 명씩 자기편을 선택합니다. 주인공인 브라이언은 끝까지 손을 열심히 들었지만, 결국 선택되지 못하고 혼자 남게 되는 장면이 있었습니다. 자기편을 고를 때 처음에는 발야구를 가장 잘하는 친구, 그 다음은 두 번째로 잘하는 친구, 그리고 그 친구의 친구 순으로 편을 뽑는 과정을 읽으며 홈런볼 사건에 대해 이야기를 나누었습니다. 만약 우성에게 홈런볼이 있다면 누구에게 줄 건지 물었더니, 친한 친구에게 주겠다고 하였습니다. 친한 친구가 없다면 친해지고 싶은 친구, 또 친해지고 싶은 친구가 없다면 자신에게 그래도 친절한 친구에게 준다고 했습니다. "그렇다면 우성이는 그 중 어디에 속하는 친구일까?"라고 묻자 우성이는 잠시 말이 없었습니다. 우성이는 홈런볼을 주려는 친구와 자신의 입장을 비교해 생각해 보지 않았을 겁니다. 우성이도 질문에 답하면서 자신이 그토록 화난 것이 친구에게 선택받지 못한 것에 대한 서러움이라는 것을 알게 되었습니다. 그러면서 친한 친구를 사귀거나 친구가 자신을 선택하게 하려면 어떻게 행동해야 할지 다양한 방법을 이야기하였고, 홈런볼을 받지 못한 다른 친구들의 반응에 대해서도 물었습니다. 그 상황에서 우성이는 다른 친구들의 반응을 생각하지 못했다고 답하였습니다. 다만 홈런볼을 받지 못했다고 난리를 친 건 자기뿐이었다고 기억했습니다. 친구들이나 주변 상황으로 관점이 확장되어 객관적으로 상황을 바라본 것이었습니다. 홈런볼을 받지 못한 많은 친구들이 있었고, 나만 못 받은 것이 아니라는 것을 확인하며 안도감을 느꼈고, 자신을 무시해서 홈런볼을 안 준 것이 아니라 더 친한 친구에게 줬다는 점이 위로가 되었습니다. 우성이는 다음에 비슷한 상황이 발생하면 좀 더 의젓하게 행동할 것을 약속하였습니다.

얼마 지나지 않아 학교에서 급식 줄로 친구들과 문제가 생겼는데, 우성이가 교사의 지시에 따라 문제 상황을 잘 정리하였다는 이야기를 듣게 되었습니다. 이전 같으면 그런 상황에서 교사의 지도가 전혀 통하지 않아 조퇴해야 할 상황이었지만, 우성이는 이내 감정을 잘 정리하여 급식도, 수업도 잘 마치고 하교하였다고 합니다. 또한 우성이와 아빠의 관계가 좋아졌다는 소식을 전해 주셨습니다. 아빠와 전혀 소통하지 않던 우성이가 아빠와 이것저것 이야기도 하고 등산도 다니니, 어머니는 숨통이 트이는 것 같다고 하셨습니다. 남편과 아들이 함께 시간을 보낼 수 있게 되니, 주말에는 아르바이트도 다니신다며 한결 밝은 목소리로 말씀하셨습니다.

무엇이 우성이 행동에 영향을 주었을까요? 아동이 문제행동을 보일 때에는 인지하지 못한 감정과 이면의 메시지가 존재합니다. 자기 감정을 제대로 인식하지 못한 채 감정을 분출하게 되고, 여기에 오해가 더해지면서 점점 억울함이 쌓이는 일이 반복됩니다. 특히 경계선 지능 아동은 내포된 의미와 비유적, 상징적 의미를 파악하는 데 어려움을 겪어 '눈치가 없다'는 평가를 받기 쉽습니다. 또한 일의 순서나 그것이 초래할 결과에 대한 추론도 어렵기 때문에 사회적 문제해결 능력이 떨어집니다. 그러므로 징검다리를 하나씩 밟아

가며 개울을 안전하게 건널 수 있도록 촘촘한 사고의 과정을 만들어 주어야 합니다. 상황과 맥락을 객관적으로 조망하고, 자신의 생각과 감정을 적절히 표현할 수 있도록 책 속 사건이나 주인공을 매개체로 하여 경험하도록 돕는 것이 경계선 지능 아동의 사고와 정서 발달에 실질적인 도움을 줍니다.

5. 변화를 위해 기다려야 하는 시간을 견뎌야 합니다

연우와 연서는 쌍둥이 형제로 초등학교 1학년 때 한글 해득에 어려움이 커 센터에 오게 되었습니다. 연우는 전체지능 73, 연서는 전체지능 81로 다소의 차이는 있으나 두 아동 모두 경계선 지능 범주에 속했는데, 어머니는 동생 연서의 학교 부적응 문제 때문에 많은 스트레스를 받고 계셨습니다. 연서는 수업 시간에 떠들거나 돌아다니며 수업을 방해할 뿐 아니라, 친구와 갈등이 생기면 책상을 발로 차거나 친구를 때려 학교에서 자주 연락이 온다고 하셨습니다.

두 아동의 전체지능의 차이는 임상적으로 유의미하지 않았으나, 소검사 영역에서는 의미 있는 차이가 나타났습니다. 특히 동생 연서는 소검사 간의 점수 차이가 크게 나타나 감정 기복이 심하고 분노 조절에 어려움이 있을 것으로 예상되었습니다. 언어성 검사에 비해 동작성 검사 점수가 높은 경우 문제상황에서 행동 표현이 더 빠르게 나타날 가능성이 높습니다. 더욱이 시각적 추론영역에서 높은 점수를 보이는 반면, 상식이나 이해 점수는 낮아 어머니가 호소하시는 학교에서의 문제행동들이 나타날 수 있다고 예측해 볼 수 있습니다. 반면, 연우는 전체지능 점수는 더 낮았지만 언어성 검사에서 연서보다 좀 더 안정적인 결과를 보이고 있고, 언어성 검사와 동작성 검사 간 차이가 크지 않습니다. 이러한 결과로 볼 때 연우는 문제상황에서 연서에 비해 좀 더 상식적인 수준에서 대응할 수 있다고 보였습니다.

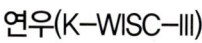

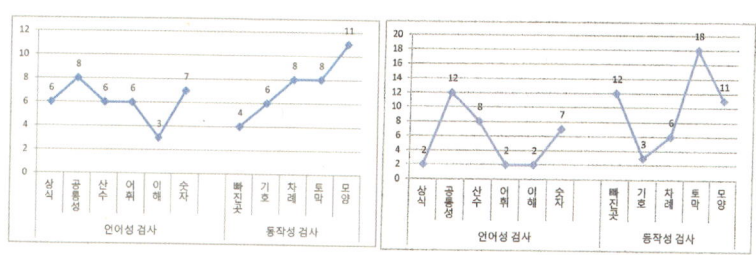

연서처럼 소검사 간 점수 차이가 임상적으로 유의미할 경우, 해석에 보다 세심한 고려가 필요합니다. 연서는 언어성 영역에서는 상식과 어휘, 이해, 동작성 영역에서는 기호쓰기 점수가 현저히 낮았습니다. 경계선 지능 아이들을 지도해 보니, 연서 같이 소검사 영역 간 차이가 큰 아동은 문제행동이 더욱 다양하고 심각하게 나타나는 경향이 있었습니다. 특히 연서는 초등학교 시기에 필수적인 한글 해득이 이루어지지 않으면서, 학업 효능감을 갖기 어려웠을 것입니다. 읽기·쓰기 어려움은 학습 영역의 문제를 넘어, 자신의 생각이나 의견을 표현하는 언어능력에도 영향을 주기 때문에 또래와의 원활한 소통도 힘들었을 것입니다. 이런 좌절 경험은 불안과 강박 같은 심리·정서적 문제를 유발하고, 부정적 피드백이 반복되면서 미성숙한 대처 행동이 이어진 것으로 보였습니다. 이에 어머니께 연서의 문제행동이 하루 아침에 사라지기 어렵다고 말씀드리며, 우선 한글 해득 과정(파닉스)에 집중하고, 주의집중을 유지하기 위해 욕구 행동을 조절하는 과정을 배우도록 지도하였습니다. 어머님께는 변화 과정을 격려하며 기다려 주시라고 당부드렸습니다. 한글 읽기와 쓰기가 가능해지고, 자기 생각이나 의견을 제대로 표현할 수 있게 되면 학업 효능감뿐 아니라 학교생활 적응도 한결 편안해질 것이라고 말씀드렸습니다.

시간이 지나 초성과 모음을 합성하여 받침 없는 글자를 읽고, 종성을 더해 한글을 읽을 수 있게 되면서 대기실에서 연서와 연우가 다투는 일도 줄어들었습니다. 대기실에 인형들이 아무렇게나 널브러져 있는 일도 감소했으며, 때로는 대기실이 조용해서 두 아이가 다녀갔는지 모를 때도 있었습니다. 이는 충동 조절 능력이 향상되었음을 의미합니다. 한글을 읽을 수 있게 되면서 아이들은 자신의 감정과 상황을 언어로 이해하고 표현할 수 있는 기반을 마련하게 됩니다. 이는 기분과 행동 사이에 적절한 인지 단계를 만드는 데 필수적인 요소입니다. 대기실이 조용해질 정도로 행동이 안정된 것은 충동적 반응 대신 사고를 통한 행동 조절이 가능해졌음을 시사합니다. 경계선 지능 아동은 일반 아동에 비해 언어 발달이 지연되며, 초성과 모음의 합성, 종성 이해 등 한글의 기본 구조를 습득하는 데 더 많은 시간이 필요합니다. 연서와 연우와 같이, 한글 해득이 완성되면서 나타난 행동 변화는 경계선 지능 아동에게 기초 문해력이 갖는 특별한 의미를 잘 보여줍니다.

경계선 지능 아동의 부모는 '막연한 불안'을 느끼며, 이는 아이의 발달 과정에서 지속적으로 증폭됩니다. 선생님의 전화 한 통에도 마음이 철렁 내려앉고, 받아쓰기 시험의 오답들을 보며 걱정이 커지는 것은 많은 부모들이 공통적으로 경험하는 일입니다. 이러한 불안의 근본 원인은 내 자녀의 발달 수준에 대한 이해 없이 또래와 자녀를 비교하는 데 있습니다. 부모의 불안은 예민함을 낳고, 이 예민함은 다시 더 큰 불안으로 이어지는 악순환을 만듭니다. 이 과정에서 아이에게 부모의 불안한 감정이 고스란히 전달되어 아동에게도 부정적인 영향을 미치게 됩니다. 부모의 불안과 조급함은 아동에게 직접적인 영향을 미칩니다. 아이는 '끊임없이 눈치를 보는데, 눈치가 없다'는 말을 듣게 되는 모순적 상황에 놓이게 됩니다. 이는 경계선 지능 아동이 가진 특성과 부모의 기대 사이의 괴리에서 발생하는 문제입니다. 경계선 지능 아동은 밖에서도 또래들을 따라가기 힘들다고 느끼는 상황에서 가정에서마저 자주 혼나다 보면 자존감이 떨어지고, 의욕을 잃기 쉽습니다. 이러한 상황은 학습 회피와 더 큰 행동 문제로 이어질 수 있습니다. 무엇이든 순서가 있고, 비워진 부분을 채워야 다음 단계로 나아갈 수 있다고 믿기에, 어머님께 어렵더라도 기다리고 비우는 태도가 필요하다고 말씀드렸습니다. 이후 어머님께서는 센터에서 아이들이 말을 듣지 않아 화가 올라와도, 저를 보면서 "참아야 하느니라." 하며 웃으십니다. 자녀의 문제를 함께 지켜봐 주는 것만으로도 힘이 될 수 있다는 사실에 뿌듯함과 사명감을 다시 느끼게 된 사례였습니다.

6. 천천히 간다고 앞에서 당기면 안 됩니다

민지는 초등학교 4학년 11월에 만났습니다. 3학년 때 한글 미해득으로 센터를 방문하게 되었고, 한글해득(한글 파닉스) 과정을 마친 후 딥리딩 클리닉 수업을 받고 있던 때였습니다. 민지 어머님은 '난독, 경계선 지능'이라는 낯선 평가를 받고 몇 달을 울었다고 하셨습니다. 한글 파닉스 수업을 통해 한글을 해득하고, 읽기와 쓰기가 점차 능숙해지고 학교에서 일부 과목은 100점을 받는 경우도 간혹 생기면서 어머니의 불안한 마음도 점차 안정되어 갔습니다. 그러다 갑자기 민지가 수업에서 새로운 문제 행동을 보이기 시작하였습니다. 사춘기가 시작된 듯 수업 중 교사의 지시에 짜증을 내고, 피곤하다는 말을 자주 하였으며, 글자를 쓸 때 유독 힘을 많이 주어 활동지에 구멍이 나는 경우도 있었습니다. 오류를 수정하는 것에도 반감이 심해, 읽기나 쓰기 활동지를 보여주지 않으려고 엎드려 쓰거나 잘못된 수행을 교사나 활동지 탓으로 돌리는 경우가 잦았고, 수업에 적극적으로 참여하지 않았습니다.

이유를 알아보니, 집에서 교과 공부를 시키는 과정에서 모녀 사이에 갈등이 심해졌고, 이로 인해, 클리닉 수업에서도 어려움을 보이게 된 것이었습니다. 어머님은 민지가 읽기·쓰기에 능숙해지자, 학년 수준을 따라가길 바라는 마음으로 집에서 교과를 무리하게 시키게 되었고, 결국 민지에게 과부하가 온 것으로 보였습니다. 어머님은 민지가 지문을 읽을 때 오류가 많고, 읽기와 쓰기에 대한 거부감이 심하여 집에서 공부시키기 어렵다고 호소하셨습니다. 또래보다 많은 공부를 시키는데도 시험 점수가 만족스럽지 않다 보니 '점수에 신경 쓰지 말자'라고 다짐하면서도, 가끔 100점을 받으면 다시 기대하게 되는 상황이 반복되면서 포기할 수도, 다그칠 수도 없는 상황에 대해 토로하셨습니다. 그러다 보니 민지의 사소한 부분까지 신경을 쓰게 되고, 민지를 다그치다 스스로 '내가 민지에게 잘못하고 있는게 아닐까?'라며 자책하게 되는 양가적 감정에 빠져 힘들다고 말씀하셨습니다.

민지는 지문을 읽을 때 늘 연필로 줄을 치며 읽었는데, 필압이 너무 강해 민지가 그은 줄에 글자가 가려져 잘 보이지 않았습니다. 글씨를 쓸 때도 종이가 찢길 정도로 힘을 주었고, 지우개로 지워도 흔적이 남을 만큼 강했습니다. 책을 읽을 때는 교사가 보지 못하게 가렸고, 오류를 수정하도록 요구하면 '잘 읽었는데 선생님이 잘못 들은 것'이라 우기며, 상한 감정을 풀지 못해 수업 진행이 어려울 때도 많았습니다. 저는 고민에 빠졌습니다. '고집을 꺾어야 하나?', '틀려도 모른 체 해야 할까?', '부모-자녀 간 갈등이 두드러질 때 교사의 역할은 어디까지인가?'에 대해 고민하다가 우선 '어머님과의 동맹관계가 필요하다'는 결론에 이르렀습니다. 교사들이 간혹 오해하는 부분이 있습니다. 아무리 교사가 학생이 잘되길 바란다 해도 부모의 마음을 따라갈 수 없습니다. 부모는 결국 아이의 평생을 책임지는 유일한 존재입니다. 그렇기에 민지를 잘 지도하기 위해서는 부모님을 먼저 설득하는 것이 매우 중요하다고 생각했습니다. 저는 민지가 집에서 학습 부담을 줄일 수 있도록 어머님을 설득하는 데 성공했습니다.

'와작와작 책 먹는 아이'를 읽으며 민지의 공부에 대한 생각을 엿볼 수 있었습니다. '와작와작 꿀꺽 책 먹는 아이'는 주인공 헨리가 어느 날 책을 읽다 심심해서 책 한 귀퉁이를 조금 찢어 먹었는데, 책의 내용이 뇌로 들어가 점점 더 똑똑해지는 경험을 하고 책을 먹기 시작하는 하면서 벌어지는 일을 다루고 있습니다. 우리 모두 똑똑해지고 싶은 마음, 공부를 잘 하고 싶은 마음을 갖고 있습니다. 더욱이 경계선 지능 아동들은 공부를 잘해 인정 받아본 경험이 적기 때문에 '와작와작 책 먹는 아이'를 읽으면, 책을 먹어서 똑똑해지는 것이라 자신도 책을 먹고 싶다고 대답합니다. 작문에서 '만약 책을 먹어서 똑똑해진다면 책을 먹을 것인지, 똑똑해진다면 무엇을 하고 싶은지'를 글로 쓰는 과제가 있습니다. 당연히 민지도 먹겠다는 대답이 나오리라 생각했는데, 민지는 뜻밖에도 책을 모두 없애 버리고 싶다고 해 당황했습니다. 그동안 민지가 종이가 찢어질 듯 힘을 주어 글씨를 쓰는 행동, 잘못된 부분을 수정하라고 하면 대충 고치는 시늉만 하는 정도로 고치고는 "됐죠? 하라는 대로 했잖아요."라며 반항하듯 말했던 모습들이 스치고 지나가며, 민지가 느끼는 학습 부담이 제 예상보다 훨씬 크다는 사실을 깨달았습니다. 조금 더 천천히 민지의 속도를 따라가야겠다고 생각했습니다. 그동안 한 회기에 한 권의 책을 읽고 구성된 활동지를 마치는 것이 목표였다면, 민지가 충분히 소화할 정도의 분량을 읽고, 민지의 생각을 표현하고 정리하는데 더 많은 시간을 줘야겠다고 생각했습니다.

민지는 항상 자신의 방식대로 과제를 수행하고자 했기 때문에, 민지가 혼자 과제를 완성한 후 부족한 부분이나 수정이 필요한 부분에 대해 함께 이야기를 나누며 개선해 나가기로 약속했습니다. 이후 수업에서는 민지의 뜻대로 혼자 과제를 수행하게 한 후, 함께 과제 내용을 검토하면서 수정이나 보완할 부분에 대해 구체적인 피드백을 제공했습니다. 수정을 요구받았을 때 기분 나빠하며 심술을 부리는 경우도 있었지만, 약속을 지켜 교사의 의견을 듣고 성실히 수정했습니다. 어느 날 다른 선생님이 "민지 표정이 너무 밝아졌어요, 센터 올 때 웃으면서 오고 바로 수업하러 들어가는 게 보기 좋아요."라고 했습니다. 민지 부모님도 공부할 때 짜증이 많이 줄어들었고, 국어 점수가 많이 올랐다고 전해 주셨습니다. 민지에게는 자신이 상황을 통제할 수 있다는 효능감이 필요했던 것입니다. 때로 불필요한 고집을 부리는 것으로 보이는 경계선 지능 아동들의 고집을 제대로 들여다보면, 그 안에 아이의 절실한 욕구가 숨겨져 있는 것을 발견하게 됩니다. 특별한 계기가 없이는 알아채기 어렵고, 시간이 많이 걸리기도 합니다. 변화했다는 주변의 피드백에도 불구하고 잘 느끼지 못했던 민지의 행동 변화가 드디어 수업에서도 나타났습니다. 그날도 혼자 활동지를 하다가 멈추더니 "선생님, 이 부분에서 이렇게 쓰면 될까요?"라고 질문하기 시작한 것입니다. 보기에 따라 큰 변화가 아닐 수도 있지만, 민지가 스스로 도움을 요청해서 문제를 해결하고자 하는 융통성이 생긴 것입니다. 결국 경계선 지능 아동의 진정한 변화는 외적 통제가 아닌 내적 동기와 자기효능감의 회복에서 시작된다는 것을 다시 한번 확인할 수 있었습니다.

초등학교 입학 후 한글 해득이 또래보다 늦어 '의문의 패배'를 경험했던 민지는 이후 남들보다 더 노력해도 '더, 더 노력하라'는 말을 들어야 하는 상황이 억울했을 것입니다. 무엇보다 부모의 기대에 부응하지 못해 스스로에게도 화가 났을 것입니다. 하지만 아무리 노력해도 부모를 만족시킬 수 없고, 스스로 효능감을 경험할 기회가 적어 자기주도적인 학습을 하기 어려웠을 것입니다. 초기 학습에 어려움을 경험한 아이들일수록 감정을 억제하고 부모나 교사의 지시에 잘 따르는 모습을 보이는 경향이 있습니다. 지시에 잘 따른다는 것은 착하다는 것과는 다릅니다. 표면적으로는 잘 따르고 있는 것 같지만 다양한 회피 전략(화장실 가기, 물 먹으러 가기, 학습과 무관한 주제로 이야기하기 등)을 사용하는 경우가 많았습니다. 부모나 교사에게 인정받기 위해 아이 나름대로 버티며 공부에서 살아남기 위한 전략을 사용한 것입니다. 민지의 사례에서 볼 수 있듯이, 경계선 지능 아동에게는 단순한 지시 따르기가 아닌 진정한 자기 효능감을 경험할 수 있는 환경이 필요합니다. '자신이 상황을 통제할 수 있다는 효능감'을 느꼈을 때, 비로소 회피 전략을 버리고 적극적으로 학습에 참여할 수 있습니다. 이를 위해 개별적 관심과 긍정적 변화에 대한 즉각적인 칭찬이 필요하며, 실패를 두려워하지 않고 도전할 수 있는 안전한 학습 환경을 조성해 주어야 합니다.

7. 관심이 없는 게 아니라 마주하기 어려운 것입니다

초등학교 4학년 수호는 한글해득이 어려워 다른 기관에서 한글 수업을 받았으나 여전히 맞춤법 오류가 많고, 읽기이해에서도 어려움을 보여 센터로 오게 되었습니다. 수호는 센터에 도착하면, 수업 전 의식을 치루는 듯 본인만의 루틴인 뜨거운 물에 녹차티백을 넣어 후후 불고, 1분쯤 지나면 티백을 꺼내 빨아 먹고, 한두 모금 마시기를 한 후에야 교실로 들어왔습니다. 너무 낯선 상황에 재밌기도 했지만, 이 행동을 어떻게 바라볼 것인가에 대해 고민하면서 수업이 시작되었습니다. 수호는 글을 읽을 때 오류가 많고 읽는 시간이 길어 정해진 시간 내에 글을 읽고 이해하는 것이 어려웠습니다. 또한 본인이 한번 그렇다고 생각한 것을 수정하기는 더욱 어려웠습니다. 책을 읽을 때는 교사가 책을 보지 못하게 손으로 가리고 읽었는데, 설득 끝에 함께 책을 보며 읽다가 잘못 읽은 부분을 수정하려고 하면 저항이 심했습니다. "선생님이 내가 말하려고 한 걸 먼저 말해서 그래요.", "선생님이 책 귀퉁이를 손으로 가려 글자가 보이지 않았어요." 등 핑계를 대고 기분이 상했다며 더 이상 읽지 않으려고 했습니다. 이렇게 옥신각신하는 수업이 이어지던 어느 날, 수호가 실수한 부분을 수정하느라 티격태격하고 있었습니다. 수호는 틀린 부분을 화살표 하나로 바꿔 쓰고 뿌듯해했습니다. 오래전부터 반복되었던 행동으로 그동안은 수호의 생각을 표현하는 데 집중했기 때문에 넘어갔지만, 이제는 쓰기에서의 어려움이 개선되었기에 지우개로 지워 제대로 쓰게 했는데 거기서 사단이 났습니다. 이전에도 이렇게 했는데 왜 오늘은 안 된다고 하냐며 반박했습니다.

경계선 지능 아이들은 수업 중 틀린 것을 수정하라는 교사의 지시를 따르기 어려워 하는 경우가 많습니다. 틀린 것을 수용하고 바르게 고치는 과정이 학습의 본질적 과정임에도 불구하고, 이들은 틀린 것 자체를 수용하기를 거부하는 양상을 보입니다. 이러한 행동의 이면에는 복잡하고 다층적인 심리적, 인지적 요인들이 작용하고 있습니다. 경계선 지능 아동들은 지속적인 학습 실패를 경험하며 성장합니다. 학습 능력에 대한 열등감과 또래 관계에서 오는 소외감으로 인해 자존감이 심각하게 손상된 상태이기에 '틀렸다'는 피드백은 단순한 학습 정보가 아니라 자신의 무능함을 재확인하는 고통스러운 경험일 수 있습니다. 또한 인지적 유연성이 부족하여 한번 형성된 생각이나 답안을 수정하는 것을 어려워합니다. 자신의 답이 틀렸다는 사실을 받아들이고 새로운 관점으로 전환하는 과정 자체가 인지적으로 부담스럽습니다. 역설적으로 경계선 지능 아동들은 완벽주의적 성향을 보이는 경우가 많은데, 이는 지속적인 실패 경험에 대한 심리적 방어 기제로 작용합니다. 틀린 것을 인정하는 순간 존재에 대한 자기 비하감이 극대화될 수 있기 때문에, 무의식적으로 오류 자체를 부정하거나 거부하는 반응을 보이기도 합니다.

'비비를 돌려줘'라는 책으로 수업할 때였습니다. 책의 주인공 욕심 많은 암탉 꼬꼬는 다른 닭들이 낳은 알도 모두 자기 알이라고 빼앗아 가서 날씨가 더워도 비가 와도 품고 또 품어 병아리를 키웁니다. 그런데 비비라는 멧비둘기 알이 그 안에 섞여 있었고, 멧비둘기가 찾아와 자기 새끼라고 돌려달라고 하면서 일어나는 사건들을 다룬 이야기입니다. 책을 읽고, 주인공 꼬꼬의 성격을 근거를 가지고 평가해보는 활동을 했습니다. 그 과정에서 수호는 '고집이 세다'와 '욕심이 많다'를 표현하는 내용을 바꿔쓰는 실수를 했습니다. 저는 수호에게 지우개로 지우고 다시 쓰라고 했는데, 이번에도 화살표로 수정하겠다며 고집을 부렸습니다. 쓰는 걸 유난히 싫어했기 때문에 그동안 순서를 바꿔쓰거나 내용이 바뀌면 화살표로 수정하도록 했습니다. 제 나름의 의도는 유연성을 가지라고 수정하는 하나의 방법을 알려준 것인데, 수호는 이 방법이 편하고 재미있다고 생각해 계속 그렇게 하기를 고집했습니다. 더 이상 물러설 수 없다고 결심하고 차분히 반복해서 설명했습니다. 그동안은 수호가 쓰기 어려워서 그랬지만, 이제 수호의 쓰기 실력은 지우개로 지우고 내용을 바르게 적어 넣을 수 있는 실력이 됐다며 반드시 넘어야 할 산이라고 했습니다. 수호는 점점 더 과격하게 화살표를 그려 분노를 표현했고, 수정하기를 완강히 거부했습니다. "선생님은 수호가 여러 면에서 합리적이고 성실하다고 생각하고 있고 충분히 할 수 있다고 믿는다."고 격려하며 반응을 기다렸습니다. 수호는 내 얼굴을 뚫어져라 쳐다만 볼 뿐 수정할 생각이 없는 듯 보였습니다. 저는 한발 물러서기로 했습니다. "수호가 아직 마음의 준비가 안 됐구나? 오늘 꼭 안 고쳐도 돼. 수호 준비되면 그때 다시 하자. 싫어도 꼭 해야 할 때가 있어. 선생님은 그때가 오늘이라고 생각했는데, 너의 의견을 듣는 것을 잊었네. 선생님이 미리 말도 안 해주고 갑자기 안 된다고 하니 당황했지? 선생님은 수호가 무조건 우기는 아이가 아니라는 걸 알아."라고 말하는 순간 수호의 눈에서 눈물이 주르르 흘렀습니다. 그렇게 수업이 끝났고, 수호가 돌아가고 걱정이 되어 어머님께 전화를 드렸습니다. 수업 중 수호가 울었던 배경을 이야기하니 어머니는 깜짝 놀라시며, 수호는 엄마한테 비정하고 독한 말은 해도 잘 우는 애가 아닌데 왜 그랬는지 모르겠다며 수호가 오면 한번 물어보겠다고 하셨습니다.

불편한 마음으로 일주일을 보내고, 수호를 만났습니다. 수호는 교실에 들어오더니 손에 쥔 무엇인가를 제게 주었는데, 지구 모양으로 생긴 젤리였습니다. 그러면서 들릴 듯 말 듯 작은 소리로 "죄송했어요."라고 말했습니다. 그리고 그날 처음 지우개로 스스로 틀린 부분을 지우고 수정도 했습니다. 이전에는 제가 항상 지우개로 틀린 부분을 지워주어야 했기에 조금 놀랐습니다. 수업이 끝나고 어머님께 지난 수업에서 운 이유를 수호에게 들으셨는지 여쭤보니, 여느 때처럼 똑같이 들어와 자기 방으로 들어가 이유를 묻지 못했다고 말씀하셨습니다. 수호를 움직인 것은 무엇이었을까요? 어쩌면 수호는 제가 수호의 행동을 고집이나 태도 문제로 받아들이지 않고 이해해 주고 강압적으로 수정하게 하지 않고 준비가 될 때까지 기다려 준다고 했기 때문이 아닐까 생각합니다. 교사는 수업 장면에서 학생과의 의견 대립이 나타날 때 기싸움을 하지 않아야 합니다. 교사가 권위를 누르고 사과하는 모습을 보면, 아이들은 이겼다라는 생각보다 자신도 실수했을 때 인정하는 용기를 보여주게 됩니다. 아이의 의지가 너무 확고할 때는 한발 물러나 져주는 것도 아이로 하여금 진정한 용기를 배울 수 있게 하는 기회가 될 수 있습니다.

이때부터 수호는 조금씩 달라진 모습을 보여주었습니다. 수호는 수업 중 어휘 활동에서 제시한 단어로 문장 만들기를 할 때 항상 주어로 '선생님'을 사용했습니다. "선생님은 오늘 지각을 해서 대표님한테 잘려 눈물을 찔끔 흘렸다.", "선생님은 방이 너무 더워서 대표님한테 에어컨을 사달라고 조르다가 혼났다." 등 어찌 보면 기분이 나쁠 만한 문장이지만, 저는 수호가 그렇게 쓰는 게 가까워진 느낌도 들고 재미있어 문법적 오류만 수정하도록 하고 그대로 두었습니다. 선생님을 어떻게 하면 더 곤란한 상황으로 만들까 궁리하면서 문장도 더 다양해지고 문장의 길이도 늘어났습니다. 그러다 "선생님이 오늘 기분이 별로인데, 긍정적인 문장으로 부탁해."라고 하면 무슨 일인지 묻고 격려의 문장을 써 주기도 했습니다.

저는 이러한 과정이 유연한 사고를 길러주는 좋은 기회가 되었다고 생각합니다. 상대의 기분을 고려해 전에는 하지 않은 격려의 말을 할 수 있는 여유가 생긴 것입니다. 익숙하지 않은 친절한 말투나 위로가 낯설게 느껴져 닭살이 돋는 일들이 쌓여 가면서, 수호의 읽기이해 실력도 나날이 향상되었습니다. 이 무렵부터 수호의 녹차 타기 루틴은 자연스럽게 사라졌습니다. 수호가 녹차를 타는 것은 긴장을 완화하고 마음의 준비를 하는 시간이었던 것인데, 수업에서 유연성이 발휘되니 녹차를 타는 행동으로 긴장을 완화할 필요가 없어진 것입니다. 또한 수호는 가족 아무에게도 알리지 않고 몰래 회장 선거에 나가서 회장으로 선출되기도 했습니다. 반에서 국어 시험을 100점 받은 유일한 학생이 되기도 했습니다. 어머니는 수호가 이전에는 엄마의 실수나 행동을 비난하는 말을 자주하고 너무 예민하게 굴어서 대하기 어려웠는데, 딥리딩 클리닉 수업을 하면서 부드러워지고 학교생활도 잘 적응하고 있다며 감사의 말씀을 전하셨습니다.

수호 사례에서 알 수 있듯, 경계선 지능 아동에게는 구체적인 행동 지침을 제시하는 접근이 필요합니다. 예를 들어 어떤 부분을 어떻게 바꿔야 하는지 수정 방향을 명확히 알려주고, '여기까지 정말 잘했어, 다음에는 이것만 해보자'처럼 작은 단계별 목표를 설정해 성공 경험을 누적시켜야 합니다. 또한 '이런 방법으로 해볼까?'라며 대안적 전략을 제시함으로써 아동이 스스로 선택하고 시도해 볼 수 있도록 유도해야 합니다. 과정 자체를 격려하는 것이 중요하므로 "이만큼 노력했구나!" 혹은 "이 방법을 써보는 것도 좋은 생각이야!"와 같이 시도와 과정을 인정하는 피드백을 아끼지 않아야 합니다. 반면 "너는 할 수 있어!"처럼 구체성이 부족한 추상적 격려, "더 집중해서 해봐!"라는 모호한 요구, "왜 이것도 못해?" 같은 비난이나 "다른 애들은 다 하던데?"라는 비교는 오히려 부담과 좌절을 가중시킬 수 있으므로 피해야 합니다. 결국 경계선 지능 아동 교육의 핵심은 기다림과 인내를 바탕으로, 그들의 속도에 맞춘 적절한 설명과 반복 학습, 구체적이고 실행 가능한 방법을 제시하며 작은 성취라도 꾸준히 인정해 주는 것입니다. 아동의 부적합한 행동을 '문제행동'이 아닌 '교육이 필요한 행동'으로 이해하고, 아이들이 자신만의 속도로 성장할 수 있도록 지속적으로 지원하는 것이 가장 중요합니다.

4
현장에서 답을 찾다: 부모·교사 실전 Q&A

1. 같은 문제집을 반복해도, 왜 아이는 잘 풀지 못할까요?

많은 선생님과 부모님께서 비슷한 고민을 하고 계시지 않을까 싶습니다. 같은 문제집을 세 번째쯤 풀면, 맞은 문제는 계속 맞아야 하고 틀렸던 문제는 학습을 통해 맞힐 수 있어야겠지요. 그런데 아이가 맞았던 문제를 틀리기도 하고, 전에 틀렸던 문제를 맞기도 하는 모습을 보면 정말 알고 푸는 건지, 그냥 찍은 건지 알기 어려우실 거예요. 그렇다면, 왜 같은 문제집을 반복해도 아이가 제대로 알고 푸는 것 같지 않을까요? 아이의 수행을 직접 보지 못한 상태이긴 하지만, 몇 가지 가능한 원인을 추측해 보겠습니다.

아이의 현재 수준보다 문제의 수준이 너무 높을 수 있어요

읽기에서 어려움을 경험한 아이들이 학년 수준의 지문을 읽고 이해하기는 쉽지 않습니다. 그런데 부모님이나 교사 입장에서는 학년 수준의 지문을 읽을 수 있으니, 이해도 가능하다고 오해할 수 있습니다. 글에서 중요 내용을 어떻게 정리하고 요약해서 이해할 수 있는지 알지 못한 채 계속 독해 문제만 풀게 되면, 학생은 점점 지문을 읽지 않고 '찍기'와 같은 쉬운 전력을 찾아내 위기를 벗어나려고 하게 됩니다. 그러니 어떤 때는 맞고, 어떤 때는 틀리기도 하면서 학년이 올라갈수록 독해의 어려움은 더 커집니다. 따라서 아동의 현재 독해 수준을 파악해서 적합한 수준으로 지도를 시작해야 합니다. 초등학교 5학년 아이가 학년 수준을 낮추어 4학년 혹은 3학년용 문제집을 푼다고 해서, 그 문제들이 아이에게 적절해지는 건 아닙니다. 만약 아이가 2학년 수준의 글도 충분히 이해하기 어려운 상황이라면, 3~4학년 문제를 푸는 건 여전히 어려운 일일 수 있습니다. 그래서 먼저 아이가 어느 수준의 글을 이해할 수 있는지 파악하는 것이 필요합니다.

유창성(fluency) 부족으로 인해 이해가 어려울 수 있어요

아이에게 2~3학년 수준의 글을 준비해서 소리내어 읽게 해보세요. 만약 아이가 한 글자씩 또박또박 읽거나(예: '독서'를 /독써/가 아닌 /독서/라고 읽는 경우), 의미 단위로 편안하게 읽지 못한다면 읽기 유창성이 부족하여 인지적 에너지가 모두 해독에 쓰이고 있는 상황일 수 있습니다. 이럴 경우에는 어휘 수업과 더불어 유창성을 키우는 훈련이 필요합니다. 주의할 점은 빠르게 읽는 것이 유창하게 읽는 것이 아니라는 점입니다. 유창하게 읽는다는 것은 빠르고 정확하게, 표현력 있게 읽는 것을 말합니다. 의미 단위로 묶어 단어의 뉘앙스를 살려 이해하면서 읽는 것을 말합니다. 혹 너무 빠르게 대충 읽는다면, 이때도 유창성 훈련이 필요합니다. 그리고 유창성 훈련을 할때는 교사나 부모가 함께 하며, 오류를 보일 때 즉시 수정 피드백을 주셔야 합니다. 혼자 읽게 하면 발음 오류가 고착화될 수 있습니다. 또한 유창성 훈련을 위한 글은 아동이 이미 내용을 모두 이해한 글이 효과적이고, 읽기 어려운 단어가 한두 개 이하여야 합니다. 글자를 읽는 것에 에너지를 들이지 않고, 글의 의미를 알아야 유창하게 읽는 것에 집중해서 훈련할 수 있습니다.

정확한 수준 진단과 단계별 접근이 중요해요

아이에게 글을 읽히고 난 뒤 문제를 풀게 해본 결과, 3학년 수준 문제 정답률이 20% 미만이고 2학년 문제는 약 70%라면 2학년 수준에서부터 시작하는 것이 적절합니다. 이때 아이가 맞힌 문제가 단순한 정보 이해 문제인지, 추론이나 비판적 사고가 필요한 문제인지도 함께 살펴보세요. 사실적 이해 → 추론적 이해 → 비판적 이해로 차근차근 단계적으로 지도해 주는 것이 중요합니다. 구체적으로 먼저 글의 명시된 내용을 정확히 파악하고(사실적 이해), 글 속 정보들 간의 연결 관계를 찾아 내며(추론적 이해), 글의 내용에 대해 평가하고 판단할 수 있는 능력(비판적 이해)을 키워야 합니다.

문제의 '의미'를 명확히 알려주세요

요즘 아이들 중에는 문제 자체의 의미를 잘 이해하지 못해서 정답을 제대로 고르지 못하는 경우가 많습니다. 따라서, 문제에서 무엇을 요구하는지를 먼저 이해하도록 도와주시고, 답을 찾는 과정도 명시적으로 알려주세요. 틀린 문제의 답을 알려주는 형식이 아니라, 해당 문제를 풀 때 어떻게 글을 이해하고 답을 찾아 가는지 그 과정을 말로 소리내어 알려주신다고 생각하시면 됩니다. 단순한 정답 전달이 아닌, 사고 과정을 보여주시면서 가르쳐주는 지도법입니다. 이런 과정을 통해 아이가 문제를 어떻게 접근하고 풀어나가야 하는지 그 방법을 배울 수 있게 됩니다.

수학에서도 마찬가지입니다. 예를 들어, 아이가 받아올림이나 받아내림이 포함된 덧셈과 뺄셈 문제를 어려워한다면, 단순히 그 계산 과정을 반복해서 연습시키는 것만으로는 문제를 제대로 이해하고 해결하기 어려울 수 있습니다. 왜냐하면 받아올림과 받아내림의 개념을 이해하려면, 그보다 먼저 '자릿값'에 대한 이해가 선행되어야 하기 때문입니다. 그래서 아이가 어려움을 보이는 지점에서 바로 시작하기보다는, 그 이전에 필수적으로 습득해야 할 개념들을 충분히 알고 있는지 확인하는 것이 매우 중요합니다. 부족한 부분을 기초부터 하나씩 채워나간다는 마음으로 차근차근 접근해 주시면 아이가 훨씬 더 안정감 있게 학습할 수 있습니다.

2. 아이의 감정만 읽어주면 될까요?

아이를 키우다 보면, 자녀가 어려움을 겪을 때마다 교사나 부모로서 어떤 반응을 보여야 할지 고민이 될 때가 많습니다. 아이의 감정을 이해해 주고 공감하는 게 중요하다는 건 알고 있지만 그걸 어떻게 해야 할지, 감정만 읽어주면 끝인 건지 조금 어렵게 느껴지실 수 있습니다. 훈육이 필요한 상황에서 감정을 읽어주면서도 어떻게 바람직한 행동으로 이끌 수 있는지 고민이 되실 것 같습니다. 그래서 아이가 어려운 상황에 처했을 때, 어떻게 자녀의 마음을 읽고 적절한 대안행동을 제시할 수 있는지에 대한 사례를 나눠 보려고 합니다.

상황

초등학교 2학년인 지우는 방과 후 숙제를 하던 중 어려운 문제를 만나 답을 몰라서 점점 화가 나기 시작합니다. 지우는 책상 위에 있는 연필을 던지며 "이게 뭐야! 왜 이렇게 어렵지? 난 못 해."라고 소리칩니다. 울면서 책을 덮고 방 안을 돌아다니며 짜증을 냅니다.

부모의 반응

(1) 자녀의 마음 읽기: 부모는 먼저 지우의 감정을 읽고, 지우가 느끼는 좌절감을 이해하려고 노력합니다.

"지우야, 지금 너무 화가 나서 힘들구나. 숙제가 너무 어려운 거 같아?"

지우는 고개를 끄덕이며 "왜 이렇게 어렵냐고! 나는 못 할 것 같아!"라고 대답합니다.

(2) 공감과 감정 인정: 지우의 감정을 존중하고, 왜 화가 났는지 공감하며 인정합니다.

"정말 어려운 문제 만나면 그런 기분 들 수 있어. 엄마도 예전에 그런 적이 많았어. 답이 안 나오면 화가 나고 짜증도 나지."

지우는 부모의 말에 조금 진정되며, 그동안의 감정을 표현합니다.

(3) 적합한 대안행동 제시: 지우가 문제를 해결할 수 있도록 차분하게 대안을 제시합니다.

"지우가 문제가 안 풀려서 짜증이 났지? 그럴 때 방안을 돌아다니는 것은 좋은 선택같아. 움직이면 조금 짜증이 가라앉기도 하거든. 근데 연필 던지는 것은 안 하면 좋겠어. 누가 다칠 수 있어서 위험하거든. 화가 나서 연필을 던지고 싶을 때는 깊게 숨을 한 번 쉬어보는 게 좋아. 그러면 마음이 조금 가라앉을 거야. 그리고 문제를 푸는 데 어려움이 있으면, 한 번에 풀려고 하지 말고 조금씩 나눠서 풀어보자. 첫 번째 문제를 풀고 나면 나머지 문제도 조금 더 쉬워질 거야."

이처럼 위험한 행동은 제거하고, 사소하더라도 아이가 짜증난 상황을 이겨내려 한 행동을 찾아서 지지해주면 문제행동을 지적해도 잘 받아들일 겁니다. 부모가 자녀의 감정을 먼저 인정하고 공감한 후, 감정을 다스릴 수 있는 방법을 안내하면서 문제해결을 위한 실용적인 대안을 제시해 주세요. 이를 통해 자녀는 감정을 조절하고 문제를 해결하는 데 자신감을 얻게 됩니다. 부모가 자녀의 감정을 이해하고 올바른 대안행동을 제시함으로써, 자녀는 어려운 상황에서도 긍정적인 태도로 문제를 해결할 수 있습니다.

3. 긍정적 자아개념, 어떻게 키울 수 있을까요?

누구나 긍정적 자아개념과 부정적 자아개념이 공존하는 것은 자연스러운 일입니다. 그러나 경계선 지능은 부정적 자아개념을 더욱 많이 내면화 하는 경향이 있습니다. 초등학교에 입학하면서부터 읽기와 쓰기에서 어려움으로 학업 부진을 경험하며, 미성숙한 인지 및 정서 발달로 인해 또래 관계 형성에 어려움을 겪기도 합니다. 이러한 일련의 경험들은 자기효능감 저하와 자기비하 등을 유발할 수 있습니다.

이런 부정적인 자아개념이 지속되면 아동이 성장할 기회를 놓칠 수 있기 때문에, 긍정적 자아개념을 키울 수 있도록 지원하는 것이 중요합니다. 자아개념이란 개인이 자신에 대해 가지고 있는 견해를 의미하며, 주변에서 받는 평가에 영향을 받을 수밖에 없습니다. 그런데 경계선 지능 아동들은 '게으르다', '느리다', '잘하지 못한다'와 같은 부정적인 평가를 자주 받게 되다 보니, 부정적인 자아개념을 형성하기가 쉽습니다. 학습에서도 아동들은 자신이 노력한 만큼 결과가 따라주지 않아서, 때때로 스스로 무능하다고 생각할 수 있습니다. 자신이 기대한 기준에 비추어 부정적인 평가를 받으면, 점점 더 부정적인 자아개념을 가질 수 있고, 심한 경우 무력감을 경험할 수도 있습니다.

따라서 긍정적인 자아개념을 가질 수 있도록 지원하는 것이 매우 중요합니다. 긍정적인 자아개념을 갖는 것은 단순히 '긍정적으로 생각하라'고 해서 되는 일이 아니기 때문에 어려운 부분이기도 합니다. 아동이 자신의 인지적, 심리적, 신체적 특징을 인식하고, 스스로를 긍정적으로 평가할 수 있어야 비로소 긍정적인 자아개념이 형성됩니다. 긍정적 자아개념을 형성하는 데 도움이 되는 것이 바로 '칭찬하기'입니다. 아동이 무심코 하는 행동이나 말을 언어로 개념화하여 칭찬해 줍니다. 예를 들어, 수업 후 자기가 먹은 간식 쓰레기를 버렸을 때, "우리 OO이는 매너가 좋구나!"라고 칭찬합니다. 혹은 숙제를 모두 해왔을 때, "약속을 잘 지키는구나!" 또는 "책임감이 있구나!"라고 해주면, 아동은 '아, 나는 책임감이 있구나!'라고 긍정적으로 자아를 평가할 수 있습니다.

또한, 대답하는 데 시간이 좀 걸릴 때에도, "신중한 편이구나! 충분히 생각하고 말하면 실수도 줄어들고, OO의 생각을 잘 표현할 수 있어!"라고 칭찬합니다. 그러면 아동은 신중한 것과 느린 것은 양면적인 의미가 있다는 것을 인식하게 되고 긍정적인 방향으로 변화하려고 할 것입니다. 학습해 가는 과정에서도 아동에게 노력을 통해 향상되는 성공적인 경험을 제공해 준다면, 자기효능감을 느끼며 자신에 대한 평가가 긍정적으로 변화하게 될 겁니다. 이러한 작은 변화들이 모여, 아동이 자신감을 가지고 긍정적인 자아개념을 형성할 수 있도록 도와줍니다.

4. 아동의 무기력, 어떻게 도와줄 수 있을까요?

아동이 무기력을 보일 때, 그 원인은 다양할 수 있지만 성공 경험이나 친밀한 관계의 부재로 발생하는 경우가 많습니다. 다른 친구들의 몇 배를 열심히 해도 겨우 또래 수준을 따라갈까 말까 하고 끝이 보이지 않습니다. 우리 모두 늘 제자리 걸음일 때, 혹은 미래가 보이지 않을 때 불안하고 무엇을 시도하기 어려웠던 경험이 한 번쯤은 있으실 겁니다. 학습 상황에서는 '낮은 자기효능감'에서 무기력이 비롯되는 경우가 많습니다. 즉, '나는 할 수 없다'는 생각이 아이의 의욕을 점점 약화시키게 됩니다. 학습이 아닌, '관심사'로 시작하시면 조금씩 변화를 느끼시게 될 겁니다.

학습에만 집중하기보다는, 아이가 또래와 나누지 못했던 관심 주제로 먼저 대화를 시도해 보세요. 예를 들어, 좋아하는 만화, 게임, 동물, 혹은 최근에 재미있게 본 영화 등 아이가 자연스럽게 이야기할 수 있는 주제가 좋습니다. 이렇게 조건 없이 받아들여지는 경험을 통해, 아이에게 '안전하고 친밀한 어른'으로 다가가면 학습으로의 연결도 한결 자연스러워집니다.

또한 선택권을 주면 아이의 태도가 달라집니다. 수업이나 활동에서 아동에게 '선택권'을 주는 것은 무기력 극복에 큰 도움이 됩니다. 선택권을 받으면 아이는 존중받는 느낌을 갖게 되고, 자신이 선택한 만큼 책임감도 생겨서 더 적극적으로 참여하게 됩니다. 예를 들어 책 읽기 시간에 두 권의 책 중에서 아이가 직접 고르게 합니다. 처음에는 그냥 고르기도 하지만, "이 책을 고른 이유가 있니? 선생님도 이 부분이 참 마음에 들어!" 이렇게 아이의 선택을 존중하고, 이유를 함께 나누다 보면 점점 더 적극적으로 자신의 의견을 표현하게 됩니다.

작은 성공 경험이 무기력 극복의 열쇠입니다! 무기력의 근본 원인이 낮은 자기효능감에 있다면, 이를 극복하는 방법 역시 효능감을 느낄 수 있는 '성공 경험'을 쌓는 데 있습니다. 아이가 작더라도 성공을 경험할 수 있도록 수업이나 활동을 구성해 보세요. 작은 목표를 세우고, 그걸 달성했을 때 칭찬과 격려를 아끼지 않는 것이 중요합니다. 이런 경험이 쌓이면 아이는 '나도 할 수 있다!'는 자신감을 갖게 되고, 점차 무기력에서 벗어나 적극적으로 변화할 수 있습니다.

5. 우기기 대장, 어떻게 지도해야 할까요?

"우리 아이는 정말 우기기 대장이에요." 많은 부모님과 선생님께서 이런 고민을 털어놓으시곤 합니다. 실제로 아동의 고집이나 논리에 당황하거나 힘들어하시는 경우가 많습니다. 이런 순간에는 먼저 아동의 말을 있는 그대로 수용하고, 그 마음에 공감해주는 것이 가장 중요한 출발점이 됩니다. 아동이 충분히 자신의 생각을 표현하고 감정이 진정되면, 그제야 비로소 상황을 맥락적으로, 그리고 객관적으로 함께 조망할 수 있기 때문입니다.

꼭 즉각적으로 반응하지 않아도 됩니다. 다음 시간이나 다른 기회를 활용해 천천히 대화를 이어가도 좋습니다. 아동의 말이나 행동을 곧장 반박하기보다는, 그 이면에 담긴 감정과 생각을 이해해주려는 태도가 필요합니다. 예를 들어, 아이가 자신이 아는 지식의 범위 안에서만 대화를 하려고 하고, 새로운 정보를 받아들이기 어려워하는 경우가 있습니다. 예전에 한 아동과 책을 읽으며 '거북이는 정말 오래 살까? 얼마나 오래 살까?'라는 주제로 이야기를 나눈 적이 있습니다. 그때 아이는 "거북이는 3천 살까지 살아요!"라고 자신 있게 말하더군요. 아무리 오래 살아도 3천 살은 아닐 것 같았지만, 저는 "정말 그렇게 오래 살 수 있을까?"라고 조심스럽게 되물었습니다. 그러자 아이는 "선생님은 그것도 몰라요?"라며 자신의 주장을 굽히지 않았습니다. 심지어 '3천 살 먹은 거북이를 전시하는 걸 봤다'며 우겼습니다.

이럴 때 "진짜 거북이가 그렇게 오래 살아?"처럼 아동의 말을 있는 그대로 인정해 주는 것이 효과적인 경우를 자주 봅니다. 아이는 아주 오래 산다는 의미를 '3천 살'로 표현할 수 있습니다. 경계선 지능 아이들은 정보를 피상적으로 생각하는 경우가 흔하기 때문에, 수치로 확인하기보다 의도를 먼저 이해해 주어야 합니다. 그럼 아동은 인정받았다고 느끼고, 선생님이 의문을 갖고 질문하는 내용에 진심으로 응할 수 있습니다. "그래도 그렇게 오래는 못 살아. 선생님이 더 잘 알아."라고 단호하게 맞서면, 더 강하게 우기거나 때로는 과장된 거짓말로 이어질 수 있습니다. 그래서 저는 "선생님이 거북이 박사가 아니라서 잘 모르는 부분도 있네. 오래 사니까 그럴 수도 있겠다. 우리 함께 책에서는 몇 살까지 산다고 나오는지 볼까?"라고 자연스럽게 대화를 이어 갔습니다. 책에서는 약 200살까지 산다고 나와 있었고, 저는 "지금까지는 200살까지 살 수 있다는 게 확인된 것 같네."라고 설명했습니다. 이어서 "200년은 얼마나 긴 시간일까? 네가 지금까지 살아온 시간을 20번 더 사는 거야."라고 아이의 나이와 비교해 주니, 아이가 "와, 그렇게 오래 살아요?"라며 놀라워하더군요. 그러면서 "나도 거북이처럼 200살까지 오래 살고 싶어요."라고 말했습니다. 저는 "3천 살도 대단하지만, 200살도 정말 오래 사는 거야. 그리고 아직까지 밝혀진 건 200년 정도 사는 거네".라며 이야기를 마무리했습니다. 그러자 아이도 "그럼 200살이라고 하죠, 일단은요."라고 자연스럽게 받아들였습니다.

이처럼 아이가 이야기하는 내용을 먼저 수용하고 공감해 준 뒤,

함께 자료를 찾아보고 상황을 객관적으로 바라볼 수 있도록 이끌어 주는 과정이 중요하다고 생각합니다. 아이의 고집스러운 주장이나 우김도 결국 자신이 알고 있는 범위에서 최선을 다해 설명하려는 노력의 한 부분입니다. 따뜻한 수용과 공감이 아이의 성장과 변화의 시작이 된다는 점을 잊지 말아야 합니다.

6. 맞고 틀리는 것에 민감한 아이, 어떻게 지도해야 할까요?

가만히 제 자신을 돌아보아도, 실수를 했을 때 괜스레 민감해지고 틀린 것을 인정하는 것이 부끄럽거나 자존심이 상해 우기게 되는 순간들이 있습니다. 아이들에게도 이런 마음은 자연스럽게 나타납니다. 오히려 경계선 지능 아이들은 실패 경험이 누적된 만큼 스스로를 지키기 위해 더 강하게 자신의 주장을 고집할 수 있습니다. 이럴 때일수록, 아이의 그 마음을 다정하게 이해해 주시는 것이 무엇보다 중요하다고 생각합니다.

아이의 주장을 끝까지 들어주고, 이해되지 않는 부분을 차분히 질문하며 소통해 보세요. 맞고 틀림을 바로잡으려 애쓰기보다, 우선 아이의 감정과 생각을 수용하고 인정해 주는 경험이 자주 쌓이도록 해주면 아이 스스로 실수나 틀림을 자연스럽게 받아들이는 모습을 볼 수 있습니다. 또한 부모님이나 선생님께서도 스스로 틀리는 모습을 보여주시고 "아이고, 틀렸네! 고치면 되지 뭐."라며 여유

있는 모습으로 실수를 인정하는 모습을 보여주신다면, 아이에게 큰 위로와 용기가 됩니다. 아이들은 종종 어른, 특히 선생님은 틀리지 않는 존재라고 생각하기 쉽지만 선생님 역시 실수할 수 있고 틀린 뒤엔 제대로 알고 차분히 고쳐가는 과정이 중요하다는 메시지를 몸소 보여주시면, 아이들은 자신이 문제를 틀렸거나 글자를 잘못 썼을 때 '실패'나 '보잘것없음'으로 느끼지 않게 됩니다. 글자를 잘못 썼을 땐 반드시 지우개로 깨끗이 지우기를 요구하기보다 줄을 그어 위나 아래에 고쳐 써 보라고 해보세요. 실제로 글자를 수정할 때 쓰는 방법이기도 하니까요. 이런 작은 시도가 쌓이면 아이들은 언젠가 스스로 필요에 따라 지우개를 이용해서 지우고 쓰게 됩니다.

무엇보다 변화는 한순간에 오지 않습니다. 그 자리에선 변화가 없어 보여도 아이의 마음과 행동은 서서히 변합니다. 오늘, 내일 또는 한참 후에 달라지기도 합니다. 중요한 것은 아이의 속도에 맞춰 조급하지 않게 기다려 주며, 실수를 자연스럽게 받아들이고 성장할 수 있도록 지도해 주시는 것입니다. 아이들이 실패보다 '성장'을 먼저 떠올릴 수 있도록 따뜻하게 이끌어주세요.

7. 자해행동을 보이는 아동, 어떻게 도울 수 있을까요?

자해행동을 하는 아동을 마주할 때마다 마음이 아프고, 한편으로는 두려움과 무력감이 밀려오곤 합니다. 저 역시 어떻게 하면 이 아이들에게 진정한 도움을 줄 수 있을지 오랜 시간 고민해 왔습니다. 우선, 자해행동 그 자체보다 아이의 '스트레스'에 주목해주세요. 신변에 심각한 위협이 되지 않는 한 자해행동 자체에만 집중하기보다는, 아이가 느끼는 스트레스를 줄여주는 데 초점을 맞추는 것이 중요합니다.

수업이나 과제가 아이에게 너무 벅차지 않은지 점검해 보세요. 만약 아이가 스스로 감당하기 힘든 과제를 반복적으로 만나게 된다면, 그 스트레스가 쌓여 자해행동으로 이어질 수 있습니다. 자해행동을 하는 찰나에 잠시나마 스트레스를 잊는 것이지요. 때문에 언제, 어떤 상황에서 자해행동이 더 자주 나타나는지 세심하게 관찰해 보는 것이 필요합니다. 예를 들어, 아이가 함께 학습할 때는 괜찮지만 혼자 과제를 수행할 때 자해행동이 나타난다면, 혼자 학습지를 시작하기 전에 어떻게 접근하면 좋을지 차근차근 설명해주고, 참고할 자료를 함께 제시해 줍니다. 과제에 소요 될 시간을 구체적으로 안내해 주서도 좋습니다. 이런 작은 지원들이 큰 힘이 될 수 있습니다. 그리고 과제를 마치면 소소한 보상을 주는 것도 좋은 방법입니다.

또한, 아이가 어려움을 느끼는 부분에 대해 담백하게 이야기해주고, 그 어려움을 어떻게 극복할 수 있을지 구체적으로 안내해 주는 것도 필요합니다. 제가 가르쳤던 한 아이는 읽기는 잘했지만, 쓰기 과제만 나오면 자해행동을 보이곤 했습니다. 그래서 쓰기 과제를 시작하기 전에 "우리 OO이는 글을 읽고 이해하는 건 정말 잘하고 있어. 쓰기가 쉽지 않아서 선생님이랑 같이 연습하는 거니까, 잘 쓰지 못해도 괜찮아. 선생님이랑 천천히 해보자. 생각이 잘 안 나면 앞에서 한 걸 참고해서 같이 문장을 만들어보자." 이렇게 격려해 주고, 쓰기 활동지를 건넸습니다. 점차 아이는 글쓰기에 대한 부담이 줄어들었고, 학습을 이어가면서 쓰기 실력도 향상되었습니다. 무엇보다 자해행동이 거의 사라지는 놀라운 변화를 경험할 수 있었습니다. 성공 경험이 쌓일수록, 아이는 더 단단해집니다! 아이가 과제를 성공적으로 마치는 경험이 쌓일수록, 스트레스는 줄어들고 자해행동 역시 점차 사라질 수 있습니다.

8. 예/아니오로만 답하는 아이, 어떻게 소통해야 할까요?

수업 시간마다 아동이 '예' 또는 '아니오'로 단답형 대답만 하면, 부모나 교사입장에서는 소통이 막힌 것 같아 많이 답답하고 '혹시 나와 수업하는 것이 싫어서 그런가?' 하는 고민도 들게 마련입니다. 그러나 이런 반응의 이면에는 우리가 쉽게 지나칠 수 있는 여러 가지 이유가 숨어 있습니다.

경계선 지능 아동의 경우, 어휘력이 부족하고 자신의 생각을 조리 있게 표현하는 것이 쉽지 않습니다. 때로는 질문의 의도를 완전히 파악하지 못하거나, 선생님이 사용하는 낯선 단어의 의미를 이해하지 못해 머뭇거리게 됩니다. 또는 머릿속 생각이 잘 정리되지 않아 '어떻게 말해야 할지 모르겠어요'라는 마음으로 '예', '아니오'만을 선택하는 경우도 많습니다. 이런 경우, 질문하시는 방식이나 사용하는 단어 선택에 조금 더 세심한 주의를 기울여야 합니다. 추상적으로 "어떻게 생각해?", "어떤 감정이야?"라고 묻기보다는, 아이가 이해할 수 있도록 구체적으로 선택지를 제공하는 질문을 해주시면 좋습니다. 예를 들어 책을 읽으며 주인공의 감정을 묻고 싶을 때, "주인공이 기뻤을까, 아니면 속상했을까? 10점 만점으로 한다면 얼마만큼일까?"처럼 선택지와 척도를 주시는 것도 좋습니다. 그러면 척도에 따라 기쁜 상황을 달리 표현해 봄으로써 다양한 문장을 만들 수 있습니다. 또한 감정의 양면적인 면을 다루어도 좋습니다. "선생님은 두 가지 다 가능하다고 생각하는데, 네 생각은 어때?"처럼 여러 감정 중에서 고를 수 있게 해주시면, 아이가 자신의 느낌을 더 편하게 표현할 수 있습니다.

이렇게 구체적인 선택지를 제시하고, 아이가 선택한 답에 대해 "왜 그렇게 생각했어?", "그렇구나, 혹시 또 다른 감정도 느꼈을까?" 등 추가적으로 의견을 말해 볼 수 있도록 부드럽게 이끌어 줍니다. 이러한 과정은 감정을 표현하는 방식 자체를 배우게 하고, 조심스럽게라도 자신의 생각에 조금씩 살을 붙여 나갈 수 있는 연습의 기회가 됩니다. 눈을 맞추고, 때론 여유롭게 기다리며, 아이가 자신의 속도대로 말을 꺼낼 수 있도록 격려해 주세요.

9. 늘 상냥하고 다정한 말투로 얘기하길 원하는 아이와 어떻게 소통해야 할까요?

선생님이나 부모님이 조금 단호한 어조로 말했을 때, 어린 아동일수록 '선생님이 나를 싫어하나?'라는 오해와 감정의 기복이 더 자주 나타납니다. 특히 경계선 지능 아동을 만나는 선생님께서는 아이들이 겪는 크고 작은 어려움에 누구보다 깊이 공감하시기에, 대개 다정한 목소리와 따뜻한 태도로 수업을 이끌어가십니다. 이런 친절함이 아이들에게 큰 위로가 되고, 외롭지 않게 의지할 수 있는 든든한 버팀목이 되어줍니다.

하지만 교육 현장에서는 때때로 단호함이 꼭 필요할 때가 있습니다. 아동이 부적합한 행동을 하거나, 수업에 집중이 필요할 때, 선생님은 어쩔 수 없이 목소리에 힘을 주고 조금은 단호하게 의사표현을 하게 됩니다. 이럴 때 아이가 '선생님도 이제 나를 싫어하나 봐…' 하고 속상한 마음에 울거나 화를 내는 모습을 볼 수 있습니다. 이럴 때는 아동에게 담백하게 상황을 설명해 주세요. "선생님이 화난 것처럼 느껴졌니?"라고 조심스럽게 물어본 뒤, "선생님은 화난 게 아니야. 우리 OO이가 집중할 수 있도록 목소리에 힘을 준 거란다."라고 차분히 말해 주세요. 그리고 선생님이 단호하게 이야기할 때는 무슨 행동을 해야 하는지도 구체적으로 안내해 주면 아동이 혼란 없이 따라올 수 있습니다.

또한 실제로 화가 날 때, 목소리가 어떻게 달라지는지 짧게 들려주면서 "상황이나 기분에 따라 누군가가 말하는 방식이 달라지는 건 자연스러운 일이야. 선생님도, 엄마도, 친구도 모두 그렇단다"라고 알려주세요. 경계선 지능 아동은 맥락을 파악하거나 상황별 감정 조절, 언어적·비언어적 신호를 해석하는 데 어려움이 있을 수 있기 때문에, 단호한 목소리도 곧바로 '화를 낸다'고 오해하기 쉽습니다. 하지만 이런 맥락을 반복해서 차분히 설명해 주면, 아이는 '이럴 땐 목소리가 달라질 수 있구나'를 조금씩 받아들입니다. 단호함 역시 사랑의 또 다른 얼굴임을 아동이 자연스럽게 알 수 있도록 친절과 명확함 모두를 담아 꾸준히 이야기해 주세요. 이렇듯 정성과 존중이 깃든 소통이 쌓일수록 아이는 세상을 향해 한 걸음 더 편안하게 내디딜 수 있을 것입니다.

참고문헌

고현실(2020.2.6). 경계선지능 아동에 3년간 맞춤형 교육 결과 인지·사회성 향상. 연합뉴스. https://www.yna.co.kr/view/AKR20200206043300004

김근하, 김동일(2007). 경계선급 지능 초등학생의 학년별 학업 성취 변화. 한국특수교육학회 학술대회, 2007(3), 73-97.

김동일(2023). 경계선 지능 아동·청소년의 이해와 교육 지원. 서울: 학지사.

김동일, 허상, 김이내, 이기정(2009). 수학학습장애 위험아동 조기 판별을 위한 수감각 검사의 적용 가능성 고찰. 아시아교육연구, 10(3), 103-122.

김수진, 황민아, 고선희(2017). 학령기 경계선급 지능 아동의 관용어 이해 능력. 언어치료연구, 26(1), 57-66.

김진호, 김려원(2018). 최신 특수아 진단 및 평가. 서울:학지사.

도례미, 조수철, 김붕년, 김재원, 신민섭(2010). 아동기 실행기능의 발달. 한국심리치료학회지, 2(2), 1-12.

손덕호(2024. 7. 2). 국민 13.6% 경계선 지능인 추정…첫 실태 조사 예정. 조선비즈. https://biz.chosun.com/topics/topics_social/2024/07/03/WJSZYO7Z5NCZ5EYLBCZZUCL4OQ/

오상훈(2023. 11. 17). 정상도 지적장애도 아니다… '경계선 지능인' 국내 700만 명, .헬스조선. https://m.health.chosun.com/svc/news_view.html?contid=2023111702257

오진희, 김은정, 유윤영(2010). 마음이론 (theory of mind)의 본질과 발달에 대한 이론적 고찰. 유아교육학논집, 14(3), 293-316.

이기연(2024). '감정 문해력 신장을 위한 어휘교육 방안 연구'에 대한 토론문. 한국어교육학회 학술발표논문집, 2024(1), 446-447.

이명희, 안성희, 엄정호, 이채연, 성현모, 이민주, 양혁, 이상민(2020). WISC-V 임상적 활용과 해석 지침서. 서울:학지사.

이새별, 강옥려(2020). 경계선급 지능 아동의 작업기억 특성 분석. 학습장애연구, 17(2), 1-27.

이애은(2022). 직접 교수와 CSA 전략을 활용한 수감각 프로그램이 수학학습장애 학생의 수감각 능력에 미치는 영향. 증거기반교육연구, 3(1), 59-88.

이애진, 김기웅(2022). 난독증 학습자를 위한 AI 기반 한글 해득 프로그램 개발 및 효과 검증. 디지털콘텐츠학회논문지, 23(5), 781-791.

정희정, 이재연(2005). 경계선 지능 아동의 인지적·행동적 특성. 아동복지연구, 3(3), 109–124.

한국교육과정평가원(2024). 초등학교 경계선 지능 학생 실태분석 및 지원 방안 연구. 한국교육과정평가원 정책연구보고서.

홍상황, 황순택, 김지혜, 박중규(2015). 한국판 웩슬러 기초학습기능검사. 대구:한국심리주식회사.

American Psychiatric Association. (2013). Diagnostic and Statistical Manual of Mental Disorders (5th ed.). Arlington, VA: American Psychiatric Publishing.

Diamond, A., & Lee, K. (2011). Interventions shown to aid executive function development in children 4 to 12 years old. Science, 333(6045), 959-964.

Gabriele Masi, Mara Marcheschi, & Pietro Pfanner (1998). Adolescents with borderline intellectual functioning: psycho pathological risk. Adolescence. summer. 33. 409-425.

Gelman, S. A., & Meyer, M. (2011). Child categorization. Wiley Interdisciplinary Reviews: Cognitive Science, 2(1), 95–105.

Kawashima, R. (2025). 공부머리 뇌과학. (이효진 역). 서울: 부키.

Kim, M., & Cheon, K. A. (2024). Exploring the clinical characteristics and comorbid disorders of borderline intellectual functioning. Journal of the Korean Academy of Child and Adolescent Psychiatry, 35(3), 181-187.

Rosenthal, R., & Jacobson, L. (1968). Pygmalion in the classroom. The urban review, 3(1), 16-20.

Yopp, H. K., & Yopp, R. H. (2010). Literature-based reading activities(5th Eds). Boston: Allyn and Bacon.

현장에서 만난 경계선 지능 아이들
-교사와 부모를 위한 가이드와 실제 지도 사례-

초판 1쇄 | 2025년 11월 17일

저　자 | 이애진, 이경희
발행인 | 윤승천
발행처 | (주)건강신문사

등록번호 | 제25100-2010-000016호

주　소 | 서울특별시 은평구 통일로 712-1
전　화 | 02)305-6077(대표)
팩　스 | 02)305-1436
메　일 | health305@naver.com
　　　　 kksm305@hanmail.net

인터넷건강신문 | www.kksm.co.kr
한국의첨단의술 | www.khtm.co.kr
헬스데일리 | www.healthdaily.co.kr

ISBN 978-89-6267-157-5 (03510)

◆ 잘못된 책은 바꾸어 드립니다.
◆ 이 책에 대한 판권과 모든 저작권은 (주)건강신문사에 있습니다.
◆ 허가없는 무단인용 및 복제·복사·카페·블로그·인터넷 게재를 금합니다.